总体国家安全观系列丛书

新疆域与国家安全

New Frontiers and National Security

总体国家安全观研究中心
中国现代国际关系研究院　著

时事出版社
北京

编委会主任

袁　鹏

编委会成员

袁　鹏　傅梦孜　胡继平

傅小强　张　力　王鸿刚

张　健

主　编

刘　冲

撰稿人

刘　冲　李　伟　严　帅

王　旭　陈子楠　巩小豪

邓门佳　林梦婷　陈庆鸿

总体国家安全观
系列丛书

《 新疆域与国家安全 》
分册

总　序

东风有信，花开有期。继成功推出"总体国家安全观系列丛书"第一辑之后，时隔一年，在第七个全民国家安全教育日来临之际，"总体国家安全观系列丛书"第二辑又如约与读者朋友们见面了。

2021年丛书的第一辑，聚焦《地理与国家安全》《历史与国家安全》《文化与国家安全》《生物安全与国家安全》《大国兴衰与国家安全》《百年变局与国家安全》六个主题，凭借厚重的选题、扎实的内容、鲜活的文风、独特的装帧，一经面世，好评不断。这既在预料之中，毕竟这套书是用了心思、花了心血的，又颇感惊喜，说明国人对学习和运用总体国家安全观的理论自觉和战略自觉空前高涨，对国家安全知识的渴望越来越迫切。

在此之后，总体国家安全观的思想理论体系又有了新的发展，"国家安全学"一级学科也全面落地，总体国家安全观研究中心的各项工作也全面启动。同时，中国面临的国家安全形势更加深刻复杂，国际局势更加动荡不宁。为此，我们决定延续编撰丛书第一辑的初心，延展对总体国家安全观的研究和宣介，由此有了手头丛书的第二辑。

装帧未变，只是变了封面的底色；风格未变，只是拓展了研究的领域。依然是六册，主题分别是《人口与国家安全》《气候变化与国家安全》《网络与国家安全》《金融与国家安全》《资源能源与国家安全》《新疆域与国家安全》。主题和内容是我们精心选定和谋划的，既是总体国家安全观研究中心成立以来的一次成果展示，也是中国现代国际关系研究院对国家安全研究的一种开拓。

与丛书第一辑全景式、大视野、"致广大"式解读国家安全相比，第二辑的选题颇有"尽精微"之意，我们有意将视角聚焦到了国家安全的不同领域，特别是一些最前沿的领域：

在《人口与国家安全》一书中，我们突出总体国家安全观中以人民安全为宗旨这根主线，强调"民惟邦本，本固邦宁"。尝试探求人口数量、结构、素质、分布和迁移等要素，以及它们如何与经济、社会、资源和环境相互协调，最终落到其对国家安全的影响。

在《气候变化与国家安全》一书中，我们研究气候变化如何影响人类的生产生活方式和社会组织形态，如何影响国家的生存与发展，以及由此带来的国家安全风险。从一个新的视角理解统筹发展和安全的深刻内涵。

在《网络与国家安全》一书中，读者可以看到，从数据安全到算法操纵，从信息茧房到深度造假，从根服务器到"元宇宙"，从黑客攻击到网络战，种种现象的背后，无不包含深刻的国家安全因素。数字经济时代，不理解网络，不进入网络，不掌握网络，就无法有效维护国家安全和理解国家安全的重要意义。

在《金融与国家安全》一书中，我们聚焦金融实力是强国标配、金融紊乱易触发系统性风险等问题，从对"美日广场协议""东南亚金融海啸""美国次贷危机"等教训的省思中，探讨如何规避金融领域的"灰犀牛"和"黑天鹅"，确保国家金融安全。

在《资源能源与国家安全》一书中，我们考察了从石器时代、金属时代到钢铁时代，从薪柴、煤炭到化石燃料、新能源的演进过程，重在思考资源能源既是人类生存的前提，更是国家发展的基础、国家安全的保障。

在《新疆域与国家安全》一书中，我们把目光投向星辰大海，放眼太空、极地、深海，探讨这些未知或并不熟知的领域如何影响国家安全。

上述六个主题，只是总体国家安全观关照的新时代国家安全的一小部分领域，这就意味着，今后我们还要编撰第三辑、第四辑。这正是我们成立总体国家安全观研究中心的初衷。希望这些研究能使更多的人理解和应用总体国家安全观，不断增强国家安全意识，共同支持和推动国家安全研究和国家安全学一级学科建设。

"今年花胜去年红。"我们期待，这套"总体国家安全观系列丛书"的第二辑依然能够获得读者们的青睐，也欢迎提出意见和建议，便于我们不断修正、完善、改进。

是为序。

总体国家安全观研究中心秘书长　　　袁鹏
中国现代国际关系研究院院长

前　言

习近平总书记深刻指出，当前我国国家安全内涵和外延比历史上任何时候都要丰富，时空领域比历史上任何时候都要宽广，内外因素比历史上任何时候都要复杂。在不断扩展的各个国家安全领域当中，时代特点最鲜明、发展前景最广阔、系统复杂性最高、不确定风险最突出的当属太空、深海、极地、网络、生物、人工智能等新疆域安全。

新疆域的发展和开拓，是科技进步的必然结果，是决定人类未来的关键变量。锦江春色来天地，玉垒浮云变古今。科学技术的春风，催生了一个又一个对人类发展和安全具有战略重要性的新疆域，越来越多的高新技术从实验室涌现，到普通人身边，不断深刻改变着人类的生产和生活。尤其是进入 21 世纪以来，全球科技创新进入空前密集活跃的时期，新一轮科技革命和产业变革正在重构全球创新版图、重塑全球经济结构。正如习近平总书记所言，科学技术从来没有像今天这样深刻影响着国家前途命运，从来没有像今天这样深刻影响着人民生活福祉。可以说，新疆域的发展和安全，是人类未来生活方式和组织形态的关键所在。

在新一轮技术革命浪潮带动下，新疆域日益成为大国竞争的最前沿。江山代有才人出，各领风骚数百年。纵观世界发展史，无论是对地理新疆域的大胆开拓，还是对技术新领域的有力掌控，亦或对下一个新疆域在哪的准确判断，谁能洞悉先机，在新疆域抢占先手，就往往能够把握主动，在竞争中独领风骚。当今时代，主要大国纷纷在新疆域谋篇布局，争夺领先优势和主导地位。美国把新疆域视为维护和巩固霸权的重中之重，极力谋求在各个新疆域的绝对优势。俄罗斯、日本、欧盟也都大刀阔斧地投资人工智能等前沿高新技术，寻求在太空、深海、极地等新疆域发挥更大影响力。中国也提出建设世界科技强国，努力在重要科技领域成为领跑者，在新兴前沿交叉领域成为开拓者，积极创造更多竞争优势，抢占科技竞争和未来发展制高点。

跨域融合是当前新疆域发展的基本特征，安全风险的系统联动、爆发涌现、复杂多变也因此成为新疆域安全的突出表现。浮生速流电，倏忽变光彩。当前，太空、深海、极地等地理空间与电磁、信息、能量、生命等非地理空间深度融合，现实世界与虚拟世界全面交织，对人类社会结构和国际格局带来的影响将比前几次科技革命更大，随之而来的安全风险也将更加严峻。由于新疆域跨域融合的基本特征，安全风险跨域赋能、联动发酵的态势明显，其爆发涌现之快，连锁变化之多，威胁影响之大，牵扯范围之广，可能远超人们的想象。很可能由单一风险向复合危机转变，由局部问题向国家安全的全局全域传导，冲击政治安全，引发社会恐慌，威胁战略稳定，成为影响国家安全和国际和平的重大问题。因此，对新疆域蕴藏的风险不能孤立看待，必须坚持系统思维，构建大安全格局，统筹发展和安全，统筹传统安全和非传统安全，统筹维护和塑造，为之于未有，治之于未乱。

新疆域发展的前景令人振奋，蕴藏的风险引人关切。丈夫贵兼济，岂独善一身。随着新疆域的快速交融发展，产生了大量国际规则的空白地带，潜藏着大量风险隐患，任何一国都难以独善其身。竞争还是合作？生存还是毁灭？成为世界各国必须回答的现实问题。如果片面强调竞争，处处以邻为壑，最终只能引火烧身。唯有坚持人类命运共同体理念，统筹开放和安全，统筹自身安全和共同安全，共商共建共享，才能锁定人类社会的光明前途。

本书以总体国家安全观为指导，探讨对新疆域概念的理解，概述主要大国的新疆域政策，重点关注深海、极地、太空、人工智能四个新疆域的发展及其对国家安全的影响，并对下一个新疆域做出展望，最后阐述对如何在新疆域推进国际合作和共同安全的初步理解，希望对读者认识新疆域与国家安全的关系有所帮助。不足之处，还请广大读者批评指正。

《新疆域与国家安全》课题组

目　录

目录

目录

1

第一章

新疆域之"新"

今天，极地、深海、网络、外空等被合称为全球新疆域。新疆域是传统疆域观的发展，是一个变动的相对概念，可能今日的新疆域成为明日的"旧"疆域，有的甚至是一种超越主权、跨越明确地理边界的疆域。对新疆域的开拓和利用，推动了人类社会的进步和国家的发展。谁掌握了无尽的新边疆，谁就拥有无尽的未来。

关于疆域

疆域是一个跨学科的概念，国内疆域学、边疆学以及史学界等都曾对疆域进行过讨论及分析，普遍将疆域定义为一个政治性地理空间。在政治地理中，"疆"表示政权或政治实体的边界，即政权间的界线，"域"即政权管辖或权力所拥有、行使的空间范围。"疆域"自此成为更具法理依据的统治范围，国家、区域的疆域就有了明确的地理空间范围，成为国家的重要组成要素之一，具有明显的"国家属性"。

疆域一词在中国最先起始于先秦《说文》，"疆"的释义为从田，三其界画也。《诗·小雅·信南山》有"中田有庐，疆场有瓜"，其中疆场为田界，进而可引申为国界。《尚书·泰誓中》中"我武惟扬，侵于之疆"，《孟子·滕文公下》中"出疆必载质"，《礼记·曲礼下》中"出疆必请"，《左传·成公十三年》中"荡摇我边疆"，其中"疆"均可作"国界""边界"的意思。《周礼·地官司徒·大司徒》中"制其畿疆而沟封之"，"疆"则可理解为疆域、疆地等。现代汉语中"疆"的含义并没有发生太大的变化，始终保留着地域、领域、边界等意思。《说文》将"域"

释义为"同本义域，邦也"，按其解释"域"就是疆界、境地、范围的意思，还可指代邦国、封邑。《集传》中"域，封境也"，就是疆界、境地的意思。《荀子·议兵》中"可谓入其域矣"，《汉书·韦元成传》中"以保尔域"，《诗·商颂·玄鸟》中"肇域彼四海"等，"域"体现为有范围的地域之意，其本意也沿用至今，我们常讲区域、地域、领域等。《辞海》则将"疆域"解释为"犹疆土，国境"，而"疆土"则解释为"国家的领土"，对于领土的解释则是"在一国主权下的区域……在国际法上的意义，是国家的构成要素之一，是国家行使最高权力空间范围"。《现代汉语词典》的解释是，"疆域，国家领土（着重面积大小）"，其中的"领土"又释义为"在一国主权管辖下的区域，包括陆地、领水、领海和领空"。由此可见，古代和现代的中文语境中，"疆域"的本义为一个国家主权管辖下的区域范围。在近代民族国家建立后，"疆域"转化为领土，其概念和空间规定都更加明确，成为一个国家行使主权的最高权力空间。在英语中，疆域为territory，大致为国家的国土、领土、领域、边界等。美国《韦氏大学英语词典》中的territory意为"属于或处于政府权力管辖下的一个地理区域"，而英国的《朗曼现代英语词典》则将territory定义为"一块土地，尤指政府统治下的土地"。史学研究中，也有学者对"疆域"做了界定。葛剑雄先生认为，"所谓疆域，就是一个国家或政治实体的境界所到达的范围。"由此可见，在中英文中，"疆域"的本义都是指国家或政府控制下的地理空间或土地。

从传统疆域到高新深远

疆域的界定并不是一成不变，而是一个变动的、相对的概念，尤其是在人类活动范围不断拓展和国家自身不断发展变化的双重作用下，国家的疆域也处于变化之中，并在不同的社会历史条件下呈现不同的形态。

国家疆域的形成和发展不可避免地受到国家形态及人类活动范围的影响。一方面，国家自身的发展和变迁，即国家主权体制的形成对疆域具有根本性影响。主权国家建立后，国家的疆域就成为主权管辖的空间范围，即领土。另一方面，随着人类活动范围的扩大，国家疆域呈现出由陆地到海洋、由地球表面到太空以及深海和地底、由平面到立体的发展趋势，从而形成了陆地疆域、海洋疆域、空中疆域、太空疆域、底土疆域等形态。因此，疆域含义更加广泛，不再局限于狭隘的领土范围，战略新边疆也层出不穷，其中极地、深海、网络、外空等成为人类可持续发展的全球焦点，即新疆域。

国家疆域的形态随着人类活动范围的拓展而不断创新。在这个过程中，疆域观出现了几次重大突破，对整个人类社会和国际体系都产生了重大影响。

一是国家主权的确立和疆域的主权化。国家出现到威斯特伐利亚体系的确立，国家没有主权规则，也缺乏国家间的主权原则和主权体制。因此，国家占据地理空间范围并将其作为自己疆域的行为，自然也就无主权的约束和限制，而是处于某种自由状态或自然状态。国家占据或控制地理空间范围的程度，主要取决于国家的需要、国家的实力以及国家间的力量对比。国家疆域的范围也与此直接相关：一个国家在国力强大时，往往扩大自己的疆域；而在国力衰弱时，便会收缩疆域，或者放弃已经获得的疆域。在此条件下，国家疆域的范围和位置，也成了国家能力的某种表征。后来，随着威斯特伐利亚体系的确立，取代王朝国家的民族国家将主权作为国家的基本条件，并通过民族国家世界体系的建立而巩固了国家主权原则，进而建立了民族国家的主权体制。国家主权确立以后，国家的疆域就变成为主权管辖的范围，从而实现了国家疆域的主权化。这样一个由国家主权管辖的范围，便是国家的领土。

二是海权论的提出和海洋疆域受到重视。自从国家产生之日起，国家的疆域皆是在陆地上确定的，都是陆地疆域。在陆权时代，普遍的看法是，谁控制了欧亚大陆，谁就掌握了世界。当人类社会生产力有了迅速发展，将自己的生活范围从陆地扩大到海洋时，才出现了"领海"或"海域"的问题，"海权"逐渐成为国家主权的主要内容之一。曾经两次出任美国海军学院院长的马汉，在认真总结和研究人类历史上的海战及其影响后，于1890年撰写了《海权对历史的影响》，强调"制海权决定了一个国家的国运兴衰"，创立其影响人类历史进程的海权理论。马汉明确提出了"海权"概念："自有史以来，海权都是统治世界的决定性因素，任何国家要称霸世界，并在国内达到最大限度的繁荣与安全，控制海权为首要之务。""海军占据优势，不仅能够确保海上交通线，还能够保持通过战争而确立的优势地位。"该书出版后很快风靡世界，引起了世界大国对海权的重视，从而将国家疆域史推进到了海权时代。在世界大国高度重视海权并极力建立强大海军来实现和维持海权的背景下，国家的海洋疆域受到了高度重视，从而使海洋疆域成为重要的疆域形态。美国的崛起便与对海洋疆域的开拓直接相关。"如果有什么事件标志着美国崛起成为一个主要强国，那就是1898年的美西战争。"

三是制空权理论提出以及空中疆域的形成。海权的凸显和海洋疆域的形成，拓展了国家疆域的范围和形态，但不管是陆疆还是海域，都是在地球表面实现的。随着飞行器和飞行技术的发明与提高，人类的活动逐渐拓展到空中，制空权问题受到了越来越多的重视，国家边疆的概念再次被突破，"领空"开始被纳入国家主权范畴。意大利人朱立奥·杜黑（1869—1930年）是空军战略理论家，制空权理论的奠基人。他在 1921 年出版的《制空权》一书中提出：天空比海洋更重要，战争取胜的关键是掌握制空权；制空权包括空中交通控制权和空中作战成功两部分。该书不仅是一部专门论述空军战略理论的著名军事著作，也是地缘政治理论中制空权理论的代表作。其指出此前有所争论的制空权问题的同时，也凸显了国家对"空中领土"的主权管辖问题，从而引起了国家对空中疆域的重视和空中疆域观念的确立。20 世纪中期以后，人类开始征服太空，苏联、美国等航天大国展开了激烈的争夺和较量，随着太空航行、星球探测，以及太空防御战略系统的构想等等，开始出现了"天疆"这样的概念。

四是网络信息疆域的出现。国家主权在信息时代面临的突出问题之一，就是信息得不到传统国家边界的保护。在农业或工业时代，对他国的侵略主要表现为物质掠夺和军事征服。而在信息时代，哪个国家掌握了信息控制权，就可以随意地侵占他国的信息资源。如果一个国家的信息控制权丧失了，那就意味着这个国家主权的丧失，后果不堪设想。随着信息时代的到来，信息时代那种崭新的、特殊的社会生产方式，立即展现在人们面前。信息科学与信息技术全面推动着政治、经济、科技和文化的持续发展，使社会生产方式和生活方式迅速发生根本性的变化。正是在信息时代，才有可能出现"信息新大陆"，以及与之相连的"信息边疆"。"信息新大陆"正形成人类生存的"新大陆"。丰富的跨国网络，日益成为重要的战略资源，有效地控制跨国信息流动的内容和方式，已成为国家主权的重要内容之一。"信息边疆"成为新的国家边疆。美国未来学家托夫勒说："谁掌握了信息，控制了网络，谁就将拥有整个世界。"正是在这种特定的历史背景下出现了"信息边疆"的新概念。它主要指在遥感技术、卫星通信、网络技术和多媒体技术等信息技术迅速发展和广泛应用的条件下，主权国家保护自身信息资源的同时获取和创造新信息的空间和领域。这样，"信息边疆"于是就成了陆疆、海疆、领空和太空之后的"第五边疆"。

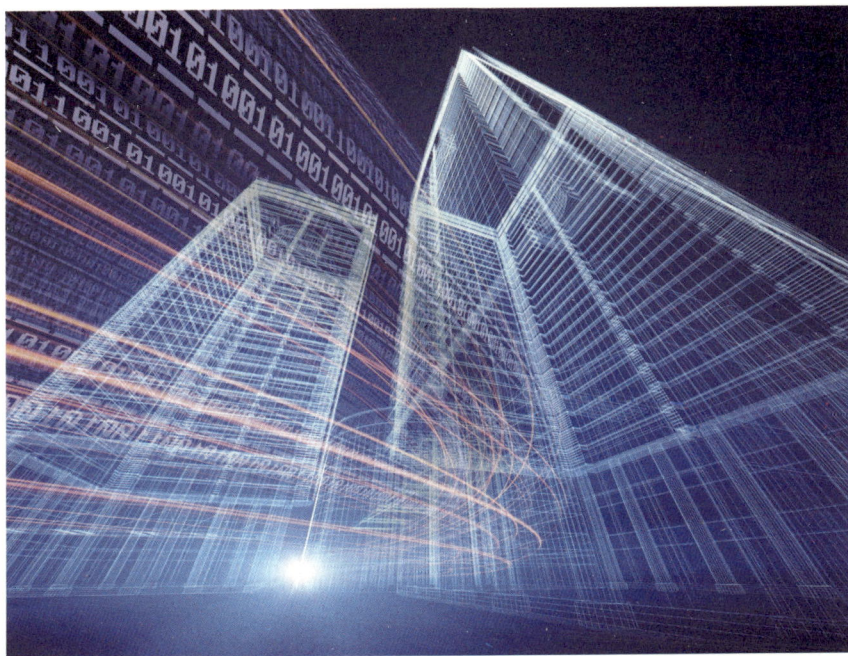

疆域观的发展，使得人类长期以来的生活空间，有了巨大的拓展。如今，极地、深海、网络、外空等经常被人们合称为新疆域，习近平主席 2017 年 1 月 18 日在联合国日内瓦总部召开的"共商共筑人类命运共同体"高级别会议上发表题为《共同构建人类命运共同体》的主旨演讲，也明确提到要把深海、极地、外空、互联网领域打造成各方合作的新疆域。

与传统的疆域相比，这几大新疆域有两大突出特点。其一，新疆域是全球化时代经济发展及科学技术革命推动的产物。一方面，全球化时代，国家的利益已经大大超越领土范围，各个国家的利益联系日渐密切，一个国家的利益联系甚至会遍及全球。国家必须在领土范围之外去谋求和维护自身的利益，进而从根本上改变了国家的活动方式。另一方面，大部分的新疆域之所以到了20 世纪之后才开始为人类所开发和利用，是因为经济发展及人类的技术积累使然。无论是征服太空、远行极地、探底深海，还是建构网络，都花费巨大，对科学技术要求极高。只有在新的科学技术革命不断拓展人类活动范围的背景下，国家利用新科技革命的成果去控制更大地理空间的能力日趋突出，才为新疆域的出现奠定了基础。人类进入全球化时代以来，席卷全球的科技革命接踵而至。发端于 20 世纪 40 年代以电子计算机、原子能、航天和空间技术为标志的第三次科学技术革命的大潮尚未完全退去，以微电子技术、生物工程技术、新型材料技术为标志的新技术革命又扑面而来。包括信息技术、生物技术、新材料技术、新能源技术、空间技术和海洋技术等在内的高新科学技术领域，在 21 世纪持续升温。新科技革命的成果转化为产业的速度也达到了前所未有的程度，并引发了新的产业革命。这一系列的巨大变革，不仅在拓展人类活动的领域和范围方面发挥了巨大的作用，直接推动了各国对极地、深海、外空及网络的探索及开发。反过来，这样的科学技术成果又被许多国家运用于国家战略和军事战略，服务于国家对新地理空间范围的控制。

其二，新疆域很多是一种超越于主权的疆域，是并非有着明确地理边界的领土疆域，大多属于全球公域。因此，新疆域大多超越了主权控制，即国家在自己主权管辖范围之外的其他地理空间进行不具主权管辖性质的占有或控制，以实现或维护自己的利益。这种超主权的控制并不具有主权性质，而是凭借自己的硬实力或软实力而实现的。同时，无论是海洋、外空、极地抑或网络空间，每一类新疆域在一定程度上都存在着所有权不明确的问题，国际社会广泛认为新疆域的绝大部分都属于"全球公域"。目前，全球公域被广泛定义为在地球上除由民族国家统辖治理国家疆域范围之外的地域，它属于全人类的共同财产，同时也是所有国家可以进入的地域，事关人类共同体的前途和命运。也有学者认为全球公域是指那些不受主权国家管辖的地理空间和自然资源，来自国际社会的其他国家也可以共享该地理空间和自然资源的管辖权。从这些定义中可以明显看出，全球公域处于国家主权管辖范围之外，"全球公域"的所有权有明显的公共属性，主权色彩弱化甚至不存在。国际法普遍确认的全球公域包含四个方面，分别是：国际公海、外太空、大气层、南极洲。联合国则以全球治理来界定全球公域，认为全球公域是全球治理中的特定组成部分，特别之处是"属于国家管辖范围之外，所有国家都可以进入"的地理空间，因此没有任何国家可以行使主权或治权的地理领域和自然资源便是全球公域。仅就地理空间意义上的全球公域而言，全球公域应包括深海、极地、月球及其他天体所形成的地理空间。倘若更广义地来看，全球公域的内容还应包括海洋生物保护、臭氧层保护、酸雨、气候变暖、冰川等，甚至是某些全球自然资产，如气候系统、空气和阳光等都可以被视为全球公域。正所谓"今日之新，明日之旧"，未来或有更多对人类发展有重大影响的领域成为新疆域。

掌握了新疆域，就掌握了无尽的未来

一方面，新疆域极具战略价值。从人类发展的角度看，由于资源的衰竭、对资源的渴望、人类空间的破坏等，新疆域寄托着人类可持续发展的空间和资源拓展，深海和极地等新疆域中蕴含的资源是有待开发的宝库，外空和网络对拓展人类生活和全球经济的意义日益突出。

以太空和极地为例。太空是尚待全面开发的"新大陆"。美国 20 世纪 80 年代初就提出了"高边疆"理论，在这一思路指导下，当时的美国里根政府在军事和民用航天之外，另辟商业航天，鼓励私人资本进军航天领域。40 多年来，太空产业蓬勃发展，未来更将"钱途"无量。据瑞士银行预测，2030 年全球太空产业产值可达 8000 亿美元。时任美国商务部长罗斯指出，在未来 20 年内太空产业规模可达 1 万亿美元，足见太空产业的巨大潜力。太空之富来自何处？首先，是建立在太空基础设施之上的信息产业。在信息社会，太空基础设施堪称"基础设施之基础设施"，与人类生活息息相关。如果没有卫星，就无法进行通信广播、定位导航、气象预报、资源勘探，人们的整个生活就会倒退到前信息化时代。其次，太空资源极为丰富。月球、小行星上均有储量巨大的各类矿物。美国太空战略学家加勒森说，各国在地球上争得头破血流，所争不过是一国 GDP 的一个百分点，而太空资源则无数倍于全球 GDP 总额，善于开采利用太空资源的国家将获得与其领土和人口不成比例的优势。再次，太空资源储量无穷。科幻作家艾萨克·阿西莫夫曾在 20 世纪 40 年代预言，可以用微波收集太阳能，将其发往不同的行星空间站。如建设太空太阳能电站，用巨大如篮球场的太阳能板发电，并将其远距离传输到日照不足的缺电地区。美军已与诺思罗普·格鲁曼公司签订合同，研发此技术。最后，太空科技整体带动效应显著。历史经验表明，太空探索投入巨大，但回报也极为丰厚。现在很多新兴产业系航天科技孵化而来，如纳米技术、超级计算机、电子医学，乃至纸尿裤都是航天工程的产物。

再来看极地。极地自然资源丰富，开发利用前景广阔。资源禀赋的多寡，日益成为一个地区是否具有潜在价值的重要筹码。极地是冰雪覆盖的高纬度地区，蕴藏着足以影响未来世界能源格局乃至经济力量对比的自然资源。据美国地质调查局统计，北极圈内已探明并可用现有技术进行开发的石油储量约为 900 亿桶，占世界未探明石油储量的 13%；天然气储量约为 1669 万亿立方米，占世界未探明储量的 30%；液化天然气约为 441 亿桶，占世界未探明储量的 20%。南极地区以雪和冰的形式存储着全球 70% 的淡水，还有储藏量巨大的磷虾等众多生物资源，对全球生态安全和人类永续发展意义重大。同时，极地航运价值极高，事关全球能源通道安全。据北极理事会估计，北极地区从 2030 年起可能因大范围融冰出现西北、东北两条北极航道，这将成为欧亚、欧美之间距离最短、最便捷的水上运输要道，具有巨大的国际航运价值。任何始发港口在北纬 30 度以北的远洋航行，与通过苏伊士运河或巴拿马运河的传统航线相比，通过北极航线航行将至少缩短 40% 的航程，不仅可以节约油料成本、缩短通航时间，更重要的是能够使各国避开马六甲海峡、亚丁湾等恐怖主义和海盗活动多发的区域，以降低远洋航运的风险。而且如果发生国际冲突，对北极能源运输通道采取封锁、截留等行动，其威力相当于直接进攻该国能源中心，对途经各国的能源通道安全造成潜在威胁。此外，极地地理位置特殊，关乎域内外各国军事安全。北极作为连接欧亚、北美的顶点，使得北极到北半球任何一个地区的距离都是最短的，从北冰洋发射导弹几乎可以覆盖整个北半球国家。而且由于北冰洋的表面常年被较厚的冰层覆盖，是战略核潜艇等军事武器天然的隐蔽保护场地。在南极地区建立极地卫星地面接收站，还关系到未来信息化战争条件下夺取信息优势，进而掌握战争主动权。此外，北极和南极还是试验和研发空间天气、电磁、气象等前沿军事技术，以及训练军事人员和检验军事装备在极端条件下作战能力的极佳试验场所，也是各大国部署"全球到达、全球打击"战略的重要一环，其军事价值可见一斑。

另一方面，国际社会对新疆域的争夺日趋激烈，西方国家先来先得、弱肉强食的现象突出，"一步慢就可能步步慢"，在新疆域的开发和利用上掉队。

历史上，对新疆域的探索和利用高低是一个国家赢得国际竞争的重要砝码。在传统疆域向新疆域的演变进化过程中，美国借助海权理论，迅速崛起为世界强国，并借助星球计划拖垮苏联，赢得冷战。如今，美国进一步染指太空，欲借马斯克"星链"计划等建立太空霸权。可见，新疆域的出现，使得各国占据和控制地理空间的方式已经发生了明显改变，国家拓展疆域的动力和进程日渐加快。然而，新疆域的公域属性使得各国开发新疆域的能力不一，西方国家占尽优势。全球公域属于所有人，这决定了其使用权对所有人开放——任何行为体均有权使用全球公域。但由于有些公域的参与门槛较高，如极地和外空，要求参与者具备一定的科技水平，这意味着不是所有的行为体都有能力参与公域活动，很多行为体甚至都无法到达这些公域，如外空、深海等。因此，这种使用权具有一定的排他性。此外，对全球公域资源的使用也存在竞争性。全球公域所蕴藏的资源，有的是无限的、非排他性的，例如航道通行、南极的科研环境等；但有的资源是有限的、排他性的，例如公海的鱼类、国际海底的矿产资源、南极的矿物资源、外空的地球静止轨道资源等。这些资源虽属于公有，但由于资源使用具有竞争性，部分国家实际上掌控着这些资源开发和利用的主导权，存在"先到先得，先占为王"的做法。例如，在南极洲建设科考站，有些具有战略价值的地点一旦被占据，就意味着其他国家失去了该地缘战略点的使用权。这些有限资源可能被先占或强占，使得公域具有发生"公地悲剧"的可能。并且，数百年来，这些法律权利不受约束的无主权地理空间和自然资源完全遵守着"先到先得"的不成文规矩，致使许多全球公域都在扩张主义时代遭到殖民国家的占有和掠夺。在现代国际法律体系建构完成后，全球公域虽然已经不能再被主权国家占有，但其依然是现代主权国家为资源、空间等目标争相竞争的潜在领域。数百年来，西方列强通过战争、殖民、权力博弈等方式拓展自己的势力空间并争夺利益。这种霸权方式在新疆域中一直存在。近代西方对海洋空间的拓展就是假以"新大陆发现"之名的殖民主义副产品；极地早期探险也成了许多欧洲国家在南极宣称主权的依据，至今还是南极治理悬而未决的事项；外空的拓展从一开始就是美国、苏联两个超级大国太空军备竞赛的专场表演，如今太空中用于军事目的的卫星、运载设备的数量在所有航天器中还占据着相当大的比重。美国在20世纪80年代推动的"星球大战"计划把美苏之间的全球争霸引向太空。网络空间的发展也包含着霸权思想攻城略地的逻辑。20世纪90年代网络信息技术发展初期，美国以网络技术先发国家的身份，主张打破全球各国的电信市场壁垒，以美国公司的路由器、终端和软件建构帮助美国积累新财富的"全球信息高速公路"。从网络空间促进全球经济发展和各国人民相互理解的功能看，网络空间应当通过大国的共同表率作用，建立起"网络非战场"和"信息技术非武器"等国家间的共同行为准则。然而美国并没有在互联网中建立起"和平利用，共治共享"的治理伦理，而是率先成立网络作战部队，扩展网络武器库，编撰网络战手册。因此，在新疆域开发、利用及相关规则制定上，我们须加快步伐，积极作为。

参 考 文 献

1 马宇飞:《古代中国疆域、边疆和边防的观照与理路》,《中共山西省直机关党校学报》2017年第5期。

2 李振福、刘永麟、王浩曦:《北极疆域及其变迁研究》,《俄罗斯东欧中亚研究》2019年第6期。

3 秦树才、马亚娜:《疆域、历史疆域与中国历史空间范围讨论的反思与辨析》,《思想战线》2021年第1期。

4 周平:《论国家疆域的治理》,《思想战线》2015年第4期。

5 周平:《全球化时代的疆域与边疆》,《中国边疆史地研究》2014年第3期。

6 于沛:《从地理边疆到"利益边疆"——冷战结束以来西方边疆理论的演变》,《中国边疆史地研究》2005年第2期。

7 Schrijver N., Managing the global commons:common good or common sink? Third World Quarterly, 2016, 37(7):1252-1267.

8 陈宇:《人类命运共同体视域中的国家传统疆域与新疆域》,《世界地理研究》2021年第5期。

9 中国现代国际关系研究院:《地理与国家安全》,时事出版社2021年版。

10 董永在:《极地安全:国家安全的新疆域》,光明网,https://m.gmw.cn/baijia/2021-04/25/34790839.html。

11 郑英琴:《全球公域的内涵、伦理困境与行为逻辑》,《国际展望》2017年第3期。

12 杨剑:《以"人类命运共同体"思想引领新疆域的国际治理》,人民网,http://cpc.people.com.cn/n1/2017/0623/c191095-29358375.html。

2

第二章

大国博弈新前沿

大国围绕网络、太空、深海、极地、人工智能等新疆域的竞争日趋激烈，尤其是竭力争夺新兴和颠覆性技术领域的优势。同时，由于各国的综合国力、战略目标、技术手段以及所处地缘环境的不同，大国针对新疆域的战略、政策各不相同，呈现出鲜明特征。

美国：为霸权续命

作为目前全球唯一的霸权国家，美国将新疆域列为事关国家安全的核心领域，视其为维护和巩固霸权的重中之重，极力谋求在各个新疆域中占据绝对主导地位。

首先，战略上高度重视新疆域，着眼维持霸权。

人工智能领域。美国高度关注人工智能与国家安全战略层面的关系，尤其是人工智能将如何塑造和维护美国国家安全。2017年《国家安全战略》和2018年《国防战略报告》都强调了人工智能对美国国家安全的重要战略意义。特朗普政府将人工智能与美国国家安全紧密联系，提高了整个美国政府对人工智能潜在风险和挑战的关注度。拜登政府2021年3月发布《国家安全战略临时指南》强调，世界大国正在竞相开发和部署新兴技术，如人工智能和量子计算，这些技术可能会影响各国间的经济和军事平衡，以及未来的财富情况等。

网络领域。在奥巴马政府和特朗普政府时期，美国将网络空间视作美国战略博弈的新领域，将网络及其相关技术与美国军事、经济、政治以及核心价值的安全威胁紧密相连。特朗普于

2017 年 12 月颁布任期内首份《国家安全战略》，强调了网络空间安全对美国的重要意义，认为美国对于网络时代的挑战与机遇的应对将决定美国未来的繁荣与安全，在网络时代确保美国安全是保卫国家安全的重要内容。拜登政府认为，网络安全是科学技术基础的一部分，要加强网络空间的实力、反应力和适应力，将提升网络安全作为政府的首要任务。

深海领域。美国谋算以水下战场构建新型海洋霸权，将水下战视为第三次"抵消战略"的颠覆性能力。2020 年 12 月，美国海军、海军陆战队、海岸警卫队共同发布新海洋战略《海上优势：拥有集成化全域海上力量》。与强调海洋合作的原海洋战略相比，2020 年版的战略更加强调大国竞争，共 37 次提到中国，将中国视为"最紧迫、最长期的战略威胁"，妄称中国"表现出有意统治地区水域并重塑对中国有利的国际秩序的意图"。

极地领域。美国陆军 2021 年 3 月发布了题为《夺回北极主导权》的北极新战略，意图"恢复北极主导地位"，控制北极利益。美国政府还阻挠中国参与北极事务，大肆指责俄罗斯在北极的经济和军事建设，强调遏制中国、俄罗斯在北极的影响力扩张。美国总统拜登在 2021 年北约领导人峰会上鼓吹，应更加警惕"中国向北极圈进发的动向"，反复声明不承认中国"近北极国家"地位。

太空领域。美国将太空作为大国竞争的优先领域，对太空重视程度空前。其太空军作战部长宣称，"如果在太空输了，美国就输了。"

其次，固守一己私利，罔顾人类共同利益。美国利用技术优势和军事实力，无限制扩张一国私利。

深海领域。美国秉持实用主义的外交理念，凭其人力、资金、科技、设备、制度等方面的战略优势，积极谋取在深海资源勘探、科学探索、军事活动等方面的自身私利。《联合国海洋法公约》明确指出，由国际海底管理局代表全人类管理国际海底区域的资源。国际海底管理局自成立以来，在协调和维护各国的经济与资源安全方面发挥了积极作用。而美国作为世界上重要的海洋国家，由于担心加入公约限制自身的全球行动"自由"，至今仍未批准《联合国海洋法公约》，自然不能成为国际海底管理局大会的成员。但是长期以来，美国援引国内法，自行对国际海底矿产资源的勘探进行授权。

太空领域。美国谋求在太空商业、科技和军事的领导地位，对多边框架下的太空军控持不合作态度。《阿尔忒弥斯协议》试图制定以美国为中心探索月球的新标准，为美国公司开采和利用月球资源提供合法性，并谋求对中国、俄罗斯的战略竞争优势。太空治理体系是由《关于各国探索和利用包括月球和其他天体在内外层空间活动的原则条约》《营救宇宙航行员、送回宇宙航行员和归还发射到外层空间的物体的协定》《空间物体所造成损害的国际责任公约》《关于登记射入外层空间物体的公约》以及《指导各国在月球和其他天体上活动的协定》等为主体共同建立而成。经过几十年的发展，各国太空科技有了长足发展，新式太空武器系统层出不穷、太空商业开发进度不断深入，这一系列新变化需要支持太空治理的条约体系进一步更新。然而，美国并不希望新的太空治理体系束缚自身发展，更不希望新的太空治理机制威胁自身太空霸权，所以对太空治理机制的改革呼声毫不理会，致使太空治理出现滞后化。

再次，大肆推进军事化，谋求绝对优势。美国着力布局新疆域的军事化，大力发展新军事技术和作战概念。美国 2017 年 12 月发布的《国家安全战略》强调，应重视军事威慑的现实意义，强化美国在天空、海洋、外层空间、网络空间等方面的威慑能力，以应对可能的战略威胁。

太空领域。美国是太空超级大国，拥有最先进的太空技术。近年来，美国全力备战太空。2019 年，美国太空军正式成立，成为第六个独立军种。根据美国太空军发布的《太空作战规划指南》，其将在 2020—2024 年招募 16000 人，包括 9600 名现役军人和 6400 名文职人员。

人工智能领域。美国 2018 年成立了"人工智能国家安全委员会"，负责制定人工智能发展战略。该委员会称，未来战争必将是智能化战争，人工智能军事化应用能够奠定未来战争基础。

2021 年 3 月，该委员会发布《人工智能国家安全委员会最终报告》，鼓吹美国要为"未来战争"做准备，开发用于军事和其他恶意用途的人工智能，加速应用与作战相关的人工智能技术，到 2025 年实现人工智能军事准备状态。

网络领域。美国率先成立网络作战部队，并将威慑理念引入网络空间以谋求网络战略的绝对优势。

深海领域。美国极为重视深海军事力量的发展。2020 年 12 月，美国海军等联合发布新海洋战略，多次指明在深海保持军事存在的重要性。美军战略核潜艇的发展水平处于世界前列，"弗吉尼亚级"战略核潜艇是世界深海武器发展历程中的代表。美国还力图推动深海秘密基地的建设。虽然美军从未承认自身深海基地的建设，但美军位于巴哈马的大西洋海底测试和评估中心负责着美军海底武器的研发，已经具备深海基地的雏形。同时，近年来美军也在开展涉及深海领域的"颠覆性"武器研发。美国国防部高级研究计划局一直在推进所谓的"上升下降有效载荷计划"。该计划将充分利用深海海底极强的隐蔽性，在深海海底设立武器平台，在关键时刻通过深海海底平台释放间谍卫星、无人机等军用武器和设施，实施突然打击。

极地领域。美国 2015 年重启在冰岛等北极国家的军事基地，加强对北极的监视；2018 年宣布重建第二舰队，辖区覆盖整个北极圈；海军陆战队还在挪威部署近 5000 人。美国增加在北极军演的频次，仅 2018 年，美国就与加拿大等北约盟友在北极举行"北极鹰 2018""三叉戟接点 2018"等系列军演；2021 年美国海军发布新北极战略，指出未来 20 年将整合运用海上力量应对北极局势。

最后，拉帮结伙，搞小圈子。

深海领域。20 世纪 50 年代以来，美国、德国、日本等西方海洋大国在深海矿产资源的调查与勘探方面捷足先登地展开"蓝色圈地运动"，在相关深海问题治理方面结成了形色各异的"富国俱乐部"。

极地领域。美国主要采取加强与加拿大、挪威等北极周边国家协调合作的方式，渗透北极地区。同时，利用北欧和波罗的海国家对俄罗斯的先天敌对情绪，在北极地区构建对俄"包围圈"，企图在北极区域压缩俄罗斯的活动空间。

太空领域。美国《国家太空战略》提出构建太空军事联盟，加强协同作战，提升太空领域的情报共享和监视能力。2019 年 4 月，美国联合澳大利亚、加拿大、法国、德国、新西兰、英国 7 国空军参谋长发表《太空行动联合声明》，称"有关太空领域的军事合作对各国利益至关重要"。美国战略司令部 2013 年启动"奥林匹克防卫者行动"太空联盟计划，以共同遏制太空中的"敌对行为"，该联盟 2020 年 5 月正式由美国太空司令部接管。

人工智能领域。美、日、印、澳四边机制成立"关键与新兴技术小组"，意图垄断人工智能等新兴技术解释权。美国还推动七国集团打造全球人工智能合作伙伴计划。

俄罗斯：打造战略利器

2021 年 7 月，俄罗斯发布新版《国家安全战略》强调要发展人工智能等前沿高新技术，并强调要确保俄罗斯在探索太空、海洋、北极和南极方面的利益。

首先，以北极为重中之重，争夺北极事务主导权。

极地领域。对于俄罗斯来讲，北极的战略位置和地缘政治意义举足轻重。俄罗斯已将北极战略纳入国家安全战略体系，在《国家安全战略》和《海洋学说》中，捍卫北极安全已经成为俄罗斯国家安全战略的重点。为维护北极地区的国家利益，俄罗斯于 2008 年、2013 年、2014 年和 2020 年分别发布了《2020 年前俄罗斯联邦北极地区国家政策原则及远景规划》《2020 年前俄罗斯联邦北极地区发展和国家安全保障战略》《2020 年前俄罗斯联邦北极地区社会经济发展国家纲要》和《2035 年前俄罗斯联邦北极国家基本政策》。这些文件构建起俄罗斯北极战略的基本框架。其中明确俄罗斯在北极地区的国家利益主要体现在四个方面：一是作为保障国家社会经济发展的战略资源基地；二是保持北极地区作为和平与合作的区域；三是保持北极地区独特的生态系统；四是使用北冰洋航道，将其作为俄罗斯在北极地区的国家交通运输干线。

网络领域。2021 年《国家安全战略》将发展安全的信息空间，保护俄罗斯社会免遭非建设性的信息心理影响等列为俄罗斯八大国家利益，宣布把信息安全作为国家战略重点。该战略首次以单独章节论述信息安全内容，明确反对他国运用信息通信技术对俄罗斯实施网络攻击、情报侦察，防止运用互联网散布不利于俄罗斯政治局势稳定的不实信息等，防止信息手段和社交网络用于颠覆性、破坏性目的，并提出加强电子数据管理系统防护、建立信息安全威胁预警系统、发展信息对抗兵力兵器等具体措施。

海洋领域。海洋在俄罗斯的国家发展进程中一直发挥着重要而独特的作用，俄罗斯海洋战略的根本目标始终是"实现和维护俄罗斯在世界海洋中的国家利益，巩固俄罗斯在世界海洋强国中的地位"。

人工智能领域。2019 年 10 月，俄罗斯总统普京签署总统令，批准《2030 年前国家人工智能发展战略》。战略指出，俄罗斯发展和利用人工智能的基本原则是保护公民的权利和自由，防止和最大程度地降低人工智能技术可能带来的负面影响风险，保障人工智能工作透明化，确保人工智能技术的独立主权，形成研发与实际应用的创新循环体系，自由竞争等。普京在 2020 年的国情咨文中又强调，"今天，世界技术变革正成倍加速，我们必须在人工智能、遗传学、新材料、能源资源和数字技术等关乎自身未来的领域加强自主研发、设立标准。我们在国防领域曾做出重大突破，相信在以上领域我们也可以做到"。

其次，着力反制美国的打压遏制。

极地领域。2021年以来，以美英为首的北约国家大肆炒作俄罗斯欲将北极"军事化"，美英均表态将加强北极军事存在，甚至将常驻北极圈以防范"俄罗斯在北极的进攻"。俄罗斯国防部和外交部否认美英指控，并对其表示担忧。俄罗斯国防部长绍伊古表示，俄罗斯正积极发展北方舰队，以增强防御能力并确保

其在北极的国家利益。自 2021 年 1 月 1 日起，北方舰队根据总统令正式被提升至"军区"级别，其主要任务是捍卫俄罗斯北方海域安全，对在北极活动的舰队加强巡逻，按计划完成各类战术演习，使海军战略核力量始终处于战备状态。

太空领域。普京政府长期以来坚决反对太空军事化，但面对美国及北约太空军事能力的不断强化，俄罗斯也在逐步强化太空军事部署。在日渐完善的太空军事化规划中，可以发现俄罗斯太空军事化政策具备的三个特点：一是控制太空武器的部署。积极号召建立太空禁武国际法规则，以国际法有效控制世界各国太空军备竞赛。二是肯定太空武器全球打击的战斗能力。太空卫星能够全时段监控近地空间和地球表面，可以迅速确定目标，从太空实施精确打击摧毁地面目标。三是强调太空武器的辅助作战能力，突出表现为其卓越的信息支援功能，太空武器为地面作战部队构架有效信息沟通渠道，实现多层级间作战信息的快速传递。同时，俄罗斯尤其注重对美国实施"非对称竞争"。俄罗斯在苏联雄厚的反卫星技术基础上，近年来一直致力于共轨反卫星和直接攻击型反卫星的发射和研制工程。

网络领域。美国对俄罗斯网络空间立场有越来越强的攻击性。面对美国步步逼近的"前置防御"，俄罗斯在 2018 年、2019 年举行了两次"断网"演习，并于 2019 年发布《主权互联网法》，要求在国内建立一套独立于国际互联网的网络基础设施，确保其在遭遇外部断网等冲击时仍能稳定运行。为了应对以美国为代表的西方国家对俄罗斯的网络攻击等威胁，2017 年 2 月，俄罗斯宣布组建信息作战部队，其主要职能是集中统一进行网络作战行动和管理。

人工智能领域。美国于 2014 年推出第三次"抵消战略"，意图以人工智能等颠覆性技术为依托，拉大与中俄战略对手的竞争优势；同年，俄罗斯国防部制订《2025 年先进军用机器人技术装备研发专项综合计划》，提出人工智能在军事领域应用的主要步骤，以应对美国安全威胁。

最后，重视国际合作。俄罗斯先后于 2001 年和 2015 年出台两版全面阐述海洋战略的纲领性文件《海洋学说》，明确提出中国和印度是俄罗斯重要合作伙伴。

极地领域。俄罗斯号召建立北极地区环境响应机制，积极寻求国际合作，共商北极环保议题。2021 年 10 月，八个北极圈国家齐聚俄罗斯堪察加彼得罗巴甫洛夫斯克召开北极海岸警卫队论坛，讨论加强海岸警卫队合作、联合进行海上搜救和应对海洋污染等有关事宜。会后，各国承诺将在北极开展负责任的海上活动，关注北极气候变化，加强生态环境保护。

太空领域。俄罗斯积极参与国际太空法制建设与法理学术讨论，倡导和平开发太空领域，削减军备，同时强调否定在冲突地区使用太空武器的合法性。2008 年，中俄联合提出"防止在外

空放置武器、对外空物体使用或威胁使用武力条约"草案,并于
2014年再次向日内瓦裁军谈判会议提交更新草案,主张通过禁
止部署太空武器,促进太空的和平利用。

网络领域。俄罗斯从双边合作、多边合作以及在联合国框架
下积极开展网络外交,并争夺网络空间全球事务的领导权。在双
边合作方面,俄罗斯分别与中国、巴西、古巴、白俄罗斯、印
度、南非、越南、伊朗、土库曼斯坦、吉尔吉斯斯坦签订了网络
安全领域相关协议。在多边合作方面,俄罗斯在上海合作组织、
集体安全条约组织、独立国家联合体等组织中发挥着重要作用。
在联合国框架下,俄罗斯参与推动《打击网络犯罪公约》《信息
安全国际行为准则》,对反对美国网络霸权,彰显多边主义,推
动全球网络空间健康发展起到积极作用。

日本:精打"小算盘"

依托较强的人才、科技、资金实力等优势,日本关注北极、
深海等战略新疆域时间较早。2021年10月,日本首相岸田文雄
发表施政演说,强调要实现科技立国,将重新整编扩充学士、硕
士和博士课程等,促进科技领域的人才培养,对数字、绿色、人
工智能、量子、生物工程、宇宙等尖端科技的研发进行大刀阔斧

的投资。

首先，突出对美合作。2013 年，安倍政府出台《国家安全保障战略》，首次确立国家战略及日本版"国家利益"，"强化美日同盟"频频被提及，被视为确保日本"国家利益"的目标与手段。

太空领域。太空作为日美的新兴合作领域，是两国军事一体化的重要组成部分。近些年来，日美从太空战略、安全保障和专项合作三个层面，建立起多重协商机制，并不断完善双边的合作规范，为两国太空政策交流和重点议题研讨建立制度保障。《日美防卫合作指针》和两国近年发表的大量官方文件显示，日美在情报侦察、导弹防御、卫星定位及太空监视等方面开展了广泛的太空合作。日美还共同打造太空"交通管制"系统，借此掌控太空的国际交通规则。

网络领域。2011 年 6 月，日美发表同盟 50 周年愿景文件，首次将"网络空间合作"列为日美同盟的"共同战略目标"，标志着日美网络合作由功能性领域上升到总体战略层面。2012年，时任日本首相野田佳彦访美，同美国总统奥巴马发表联合声明——《面向未来的共同愿景》，承诺双方将"确保所有相关部门和机构参与网络合作"。围绕这一方针，日美相继于 2010 年、2013 年和 2014 年启动了"网络经济政策合作对话""美日网络对话""网络防御工作组"三大合作机制，构建起覆盖政府、经济界与军方的多部门合作机制体系。2017 年特朗普政府上台后，美国的网络战略重点转向大国竞争，寻求最大化整合资源以压制中俄网络空间影响力。在其带动下，日美网络合作更具战略性与针对性，在鼓吹"自由开放的网络秩序"的同时，强调抵制所谓"敌对国政府"主导的监视、窃密、网络攻击等"恶意网络行为"，甚至公开点名中俄带来"秩序威胁"；合作参与范围明显拓展，从多部门的"全政府合作"演变为涵盖政府、军队、企业、科研机构、民间组织的"全社会合作"。2017年以来，日美同盟围绕网络空间主导权，在外交、经济与安全领域积极开展合作。2021年日本通过新版《网络安全战略》，明确提出未来3年日本在网络安全领域的政策目标及实施方针，首次将中俄列为首要网络安全威胁，并强调要加强与美国等国的合作。

人工智能领域。拜登政府上台后，日美科技合作方面动作频频。2021年3月，日美印澳在首脑会议上就设置工作组在新兴技术领域加强合作达成共识。同年4月，在日美首脑会谈上双方确认深化在生命科学与生物技术、人工智能、量子信息科学和民用空间的研发合作，明确加强包括半导体在内的敏感供应链等合作。

其次，谋求提升国际地位，推进"国家正常化"。

太空领域。近年来，日本寻求突破"战后体制"、建立政治军事大国，加速推动修改《和平宪法》，谋求军事力量外向化发展。日本认为，日本太空安保政策受到《和平宪法》制约，太空资产严重不足，阻碍了日本的军力发展。近年来，日本通过调整太空安保政策来发展太空装备与技术，构建包括太空领域在内的"多维度综合防卫力"，以推动安保战略转型，谋求摆脱战后体制，进而成为"正常国家"。2020 年 6 月 30 日，日本正式发布新版《宇宙基本计划》，确定了未来十年日本空间领域的政策走向和主要活动，并提出日本空间政策的基本立场为：出口主导，灵活运用民间力量，发挥人才、资金、知识产权等资源作用。计划提出的主要目标及空间活动包括 4 个方面：确保宇宙空间安全，防灾减灾，国土强韧化和全球问题，知识探索与发现、利用空间技术实现经济增长和创新。

网络领域。日本试图用"共同价值观"杠杆提升国际话语权，谋求"网络大国"地位，使日本成为全球政治中"举足轻重的国家"。日本将自身定位为网络领域的技术中心之一。数字时代的到来，为日本提供了在网络空间这一新兴领域抢占先机、影响议题设置与国际规则制定的良好机遇。安倍第二次上台后，将"价值观外交"作为日本提升国际话语权的杠杆。在美国支持下，日本加强与英、澳、印等"价值观相通"国家的网络对话与合作，并积极利用七国集团、二十国集团等多边场合，不断参与乃至引领塑造网络空间国际规则，提升存在感和话语权。

深海领域。2007 年，日本通过《海洋基本法》，规定"国际协调的重点是在国际秩序的确立和发展过程中发挥日本的主导作用"。日本强调自身"海洋国家"定位，积极在国际合作与双边交往中宣传自身贡献，塑造"守护海洋的国家"形象。

最后，推进与各行业领域的融合发展。

人工智能领域。日本政府和企业界非常重视人工智能的发展，不仅将物联网、人工智能和机器人作为第四次产业革命的核心，还在国家层面建立了相对完整的研发促进机制，并将 2017 年确定为人工智能元年。2015 年 1 月，日本政府公布了《机器人新战略》，拟通过实施五年行动计划和六大重要举措达成三大战略目标："世界机器人创新基地""世界第一的机器人应用国家""迈向世界领先的机器人新时代"，使日本实现机器人革命，以应对日益突出的社会问题，提升日本制造业的国际竞争力，获取大数据时代的全球化竞争优势。2016 年，日本提出"社会 5.0"战略，将人工智能作为实现超智能社会的核心，并设立"人工智能战略会议"进行国家层面的综合管理。2017 年 3 月，日本人工智能技术战略委员会发布《人工智能技术战略》报告，阐述了日本政府为人工智能产业化发展所制订的路线图，包括三个阶段：在各领域发展数据驱动人工智能技术应用（2020 年完成一二阶段过渡）；在多领域开发人工智能技术的公共事业（2025—2030 年完成二三阶段过渡）；连通各领域建立人工智能生态系统。日本的人工智能战略主张人工智能技术与各领域实现对接，在工业、农业、医药业、物流运输、智能交通等行业落实应用。日本希望通过大力发展人工智能，保持并扩大其在汽车、机器人等领域的技术优势，逐步解决人口老龄化、劳动力短缺、医疗以及养老等社会问题。

深海领域。日本 2007 年颁布实施《海洋基本法》，并在 2008 年、2013 年和 2018 年颁布了三期《海洋基本计划》。该计划提出多个方针：挑战未开发的海上疆域，加强海洋事务的国际合作，通过开发利用海洋资源实现繁荣富裕的目标。

网络领域。日本 2021 年 7 月发布了新版《网络安全战略》，把提高经济和社会活力及可持续发展作为首个目标，"用网络安全促进数字化转型"。日本政府还决定设立"数字厅"作为推动数字化改革的指挥塔，推进数字社会建设。同时，为了使网络安全与企业价值结合，要将提高数字投资与安全对策通盘考虑。该战略还提出要实现国家安全、民众安心舒适生活的数字社会，需将网络空间演变成所有人都能参与的公共空间，深化与经济社会活动的关联。

欧盟：强化战略自主

欧盟作为一个国家联盟的地缘政治属性持续上升，积极寻求在新疆域发挥更大影响力，展示其国际雄心。

首先，注重"欧洲价值"的引领。

人工智能领域。欧盟在进行人工智能治理中注重强调通往人工智能之路的"欧洲方法"，除了条例有规定成员国义务与加强盟内协调的内容外，这种"欧式风格"集中体现在对"欧盟价值观"的强调上。一是规范制定依据"欧盟价值观"。欧盟关于人工智能的规范性文件均在不同程度上强调"欧盟价值观"的基础性作用，特别是伦理指南作为对于人工智能产品的"道德规范"，更是将价值观贯穿全文，而条例也将其作为对人工智能系统进行风险分类的一个标准。二是人工智能系统应尊重"欧盟价值观"。伦理指南认为产品是否符合"欧盟价值观"是其"可信任"的重要表征，而条例也规定对构成侵害的人工智能系统将在欧盟被禁止。欧盟对其价值观心心念念，是因为欧盟认为人工智能尊重"欧盟价值观"，可以提高公众对它的信任度，进而激发市场活力，点燃商业和资本的开发投资热情，同时欧盟还希望凭借在全球"引领"数字立法推动"价值观输出"，将其软实力在新兴技术领域"做硬"，维护欧盟的战略利益。2020年2月，欧委会发布了《人工智能白皮书》，成员国在尊重"欧洲价值观"的基础上为实现可信赖的、安全的人工智能发展提供了政策选项，包括调动资源打造全价值链的"卓越生态系统"，采用合适的激励措施提高人工智能研究和创新的积极性。白皮书还强调要创建一个"信任生态系统"，为研发者提供可遵守的法律框架，并为消费者提供可信任的人工智能系统。

太空领域。欧洲力争成为太空领域的全球行动者，要在全球太空舞台上塑造更强的角色，因此，欧洲必须积极与国际伙伴展开各类太空合作，并提出符合欧洲价值的国际倡议。

极地领域。2015年欧盟公布的《北极战略决议》明确提出了构建"环境友好型北极"的战略目标，欧盟将以"环境友好型"模式参与北极事务，其内涵是谋求北极资源开发与环境保护的和谐共生，是北极地区可持续发展与生态系统的相互协调，主要包括有利于环境保护的北极开发模式，无污染或低污染的北极开发技术，低损耗的绿色行业，对当地原住民无不利影响的各种开发建设项目，符合北极生态条件的产业结构等。

其次，加入战略博弈，强化战略自主。法国总统马克龙2020年12月表示，在科技方面，欧洲需要有"欧洲解决方案和欧洲主权"，"我们需要欧洲融资、欧洲解决方案、欧洲人才以及欧洲法规"以降低对美国科技巨头的依赖。2021年12月，法国总统马克龙阐述了法国担任欧盟轮值主席国期间，将推动欧盟加大工业与技术投资，捍卫技术主权，力争使欧盟到2030年在全球技术、高价值领域占有一席之地。

太空领域。进入21世纪后，欧盟在太空领域的合作明显加快，在发布欧洲太空政策、欧洲太空产业政策和欧洲太空战略的同时，也实施了一系列共同的太空项目，欧盟的太空角色日益明显，成为太空多极化时代重要一极。欧盟认为，为保持和进一步提升欧洲的国际竞争力，必须确保欧洲能够独立掌握最先进、最尖端的太空技术，形成独立、安全进入和利用太空的能力，因此，欧洲必须加强太空科学和探索的投入，培育太空科技后备人才。欧洲应成为太空产业的强大竞争者。太空技术及相关应用不仅能够创造大量就业机会，更是促进经济发展和产业转型的关键驱动力，因此，必须塑造具有强大创新能力和全球竞争力的欧洲太空产业，尤其需要建立一致和稳定的规范框架。

网络领域。近年来，欧盟密集出台了一系列涉网络空间治理的重要战略文件，如发布新网络安全战略、制定多项数字政策、提出数据治理法案等，凸显了欧盟追"中"赶"美"的急迫心态和重夺"技术主权"的战略野心。2020年2月，欧盟委员会接连发布了3份文件——《塑造欧洲的数字未来》《欧洲数据战略》《人工智能白皮书》，内容涵盖数据安全、关键基础设施、人工智能安全等方面，从不同侧面对技术主权进行了阐述，旨在强化新时期网络技术主权，强调欧盟在关键基础设施、人工智能、数字经济等领域的独立自主，以摆脱对美国的依赖。2020年7月，欧洲议会发布的《欧洲数字主权》报告指出，大力推动数字转型成为"欧盟下一代复兴计划"的重要着力点。2020年12月，欧盟宣布正式推出"数字欧洲"计划，将在2021—2027年期间投资76亿欧元，帮助建立和扩展欧洲的数字能力，发展先进数字技能，同时加强欧洲的数字主权。

极地领域。欧盟和北极地区一直有着十分紧密的联系，仅从地理位置来看，在北极八国中，丹麦、芬兰和瑞典属于欧盟成员。除了地域上的联系，北极对于经济上高度依赖能源和航道的欧盟来说具有重要的战略意义。因此，欧盟近年来积极推行其北极政策。2008年，欧盟发布了首份北极地区的联合政策文件。截至2019年，欧盟已发布了10份北极政策文件。这些政策文件构成了一个整体框架，阐明了欧盟的战略利益，即保持该地区的低张力，拥有运作良好的法律框架和牢固的政治和安全合作形式。2021年10月，欧盟委员会发布新版北极战略文件《加强欧盟对和平、可持续和繁荣北极的参与》，决定从地缘政治和可持续性利益角度加大对北极事务的投入。

最后，强调积极防御。

太空领域。太空战略自主性的一个重要面向是确保太空资产安全的自主性，即太空资产或者说太空基础设施免受太空碎片、太空武器以及太空气象干扰或攻击的自主性。虽然欧盟作为地区经济一体化的产物，在决策中对经济层面的考量要多于对军事与安全层面的考量，但是在太空军事化、武器化的发展趋势下，欧盟越来越重视太空安全问题，着力从两方面提升欧盟太空安全：一是致力于提升太空态势感知系统，以确保重要太空资产免受空间碎片、太空气象甚至太空武器的干扰或攻击；二是新太空计划以《欧洲防务行动计划》为基础，开发政府间卫星通信服务项目，以确保为欧盟及其成员国提供可靠、安全与经济的卫星通信服务。

网络领域。与美国先发制人的军事进攻型网络安全战略不同，欧盟始终将自己定位为"和平力量"，遵循技术型风险管理战略，重视方法和概念的标准化、法律和规则的统一化，在不同的利益攸关者和成员国间实现协调。欧盟委员会于 2017 年 9 月通过题为《复原力、威慑力和防御力：在欧盟建立强大的网络安全》的新战略，提出复原力、威慑力和防御力三大行动支柱。作为"抵御网络犯罪的第一道防线"，复原力在欧盟网络安全建设中始终占据首要地位。该战略从强化欧洲网络和信息安全、实现单一的网络安全市场、全面实施《网络与信息安全指令》、通过快速应急响应获取复原力、建设网络安全能力联网、建立强大的欧盟网络技能基础、提高网络健康和安全意识七个方面加强成员国合作机制，试图在欧盟层面建立更加强大的复原力。

参 考 文 献

1　曾张旭阳、朱启超、曾力宁:《安全情报视角下美国人工智能维护国家安全的战略动向研究——基于 NSCAI 报告分析》,《情报杂志》2021 年第 12 期。

2　王守都:《美国网络空间安全的安全叙述建构——基于〈美国国家安全战略〉的话语分析》,《情报杂志》2021 年第 3 期。

3　刘国柱:《大国竞争背景下的美国新海洋战略》,《世界知识》2021 年第 3 期。

4　吴志成、李颖:《中美全球治理战略比较》,《现代国际关系》2021 年第 10 期。

5　陈秋丰:《全球公域治理与人类命运共同体构建》,《国际论坛》2021 年第 3 期。

6　梁怀新:《深海安全治理:问题缘起、国际合作与中国策略》,《国际安全研究》2021 年第 3 期。

7　朱宝林:《北极治理议题安全化态势下中国参与的策略研究》,《湖北经济学院学报》2021 年第 6 期。

8　王发龙:《全球深海治理:发展态势、现实困境及中国的战略选择》,《青海社会科学》2020 年第 3 期。

9　《俄罗斯"重返北极"将其纳入国家安全体系》,新华网,https://baijiahao.baidu.com/s?id=162155376206459 1584&wfr=spider&for=pc。

10　Морская доктрина Российской Федерации, http://static.kremlin.ru/media/events/files/ru/uAFi5nvux2twaqj ftS5yrlZUVTJan77L.pdf.

11　武坤琳、葛悦涛:《俄罗斯〈2030 年前国家人工智能发展战略〉浅析》,《无人系统技术》2020 年第 2 期。

12　白峻楠:《俄罗斯太空军事化政策与实践》,《国际研究参考》2020 年第 10 期。

13　汪丽:《新版国家安全战略与俄罗斯

网络空间安全部署》,《信息安全与通信保密》2021 年第 10 期。

14 《日本新任首相岸田文雄在国会发表就职演说（全文）》,腾讯网, https://news.qq.com/cmsid/20211011A0997G00?f=newdc。

15 王旭:《日本参与全球海洋治理的理念、政策与实践》,《边界与海洋研究》2020 年第 1 期。

16 孙文竹:《美日同盟网络空间合作新态势》,《现代国际关系》2021 年第 9 期。

17 张育侨:《日本太空安保政策的演化及影响》,《国际太空》2021 年第 1 期。

18 《世界主要国家在人工智能领域的战略布局》,搜狐网, https://www.sohu.com/a/326921498_115804。

19 嵇绍国:《日本新版〈网络安全战略〉解析》,《保密科学技术》2021 年第

9 期。

20 柳思思:《欧盟"环境友好型"北极战略的解读》,《国际论坛》2016 年第 3 期。

21 《马克龙提出欧洲须维护"数字主权",降低对美国科技巨头依赖》,澎湃新闻, https://m.thepaper.cn/baijiahao_10342450。

22 张成新、郑华:《欧盟在太空时代的角色生成:进程、挑战及启示》,《德国研究》2019 年第 4 期。

23 徐济铭:《欧盟网络空间治理特点及趋势分析》,《通信世界》2021 年第 22 期。

24 《从地缘政治看欧盟对北极地区的追求》,腾讯网, https://new.omn.qq.com/08/com/08/20211208A0BXIO00.html。

3

第三章

深海与国家安全

　　深海占地球表面总面积的一半以上，不仅拥有渔盐之利、舟楫之便等传统海洋属性，更是广袤无垠的战略资源新宝库、战略安全新空间、增量治理新疆域。伴随着陆地资源的枯竭，人类掀起一轮轮"蓝色圈地运动"。主要大国从近海走向深海远洋，既发现了生命的密码，也将政治、经济、军事竞争带到人类并不甚了解的深海新疆域。人类行迹仅触及深海一隅，但明争暗斗俨然徐徐展开；随着人类对深海了解的不断深入，大国间的争斗只怕会愈演愈烈。

深海科考强国标配

发现海底黑烟囱

1977 年，美国"阿尔文"号潜水器在位于东太平洋洋中脊的加拉帕戈斯海底考察时，惊奇地发现那里耸立着一些烟囱。烟囱正冒着滚滚浓烟，像极了科幻电影中的外星人海底基地。经过科学家的深入研究发现，黑烟囱冒出的并不是烟，而是高达300℃—400℃高温的黑色热液流体；黑烟囱不是外星人的工业园区，而是蕴藏着破解地球生命的密码。

长久以来，人类曾普遍认为"万物生长靠太阳"，没有阳光雨露的地方是死亡的荒漠，只有光合作用才能孕育生命。海底热液矿的发现为人类打开了研究地球生命起源的另一扇门——生命活动的能量很可能并非来自地球外部，而是来自于地球内部。能量由地球内部化学反应产生，从深海热液喷口而出，这一过程中孕育了丰富的热液生物群。科学家曾认为地球上几乎找不到残留的与原始生命有关的信息。让人兴奋的是，海底热液矿喷口及其生态系统的环境，与地球早期环境非常相似。在幽深的海底，没有阳光，却上演着生命萌发和生物种群迭代更替的故事，这是生命与环境协同演化的明证。

"阿尔文"号在深海的发现让国际科学界为之振奋，欧洲国家和日本、俄罗斯等主要海洋大国纷纷进军热液矿科考，深海生物研究热度不断提升。"阿尔文"号更是4600余次下潜，将9270人次科学家送入深海。半个世纪以来，人类共探察到海底热液区约600个，描述的热液生物新种达600种，而上述数字仍在不断增长。在黑烟囱周边1平方米的狭小面积里，各类动物数量甚至可以超过300个。也许不久的将来，生命的起源将被彻底揭示。

虽然中国是海底热液矿研究的"后来者"，起步晚于国际同行20多年，但目前已经进入热液活动科考的"第一梯队"。21世纪以来，"蛟龙"号、"奋斗者"号等载人潜水器相继下水，中国在太平洋、大西洋、印度洋等海域发现多个新热液区，特别是在印度洋的科考活动，补充了科学界对印度洋热液矿研究的短板，为世界海底热液科考事业做出了应有贡献。

深海科学与国家安全

2018年，习近平主席在山东考察时指出，发展海洋经济、海洋科研是推动我们强国战略很重要的一个方面，一定要抓好。2020年，中国"奋斗者"号全海深载人潜水器成功完成万米海

试并胜利返航，习近平主席在贺信中殷切嘱托，"'奋斗者'号研制及海试的成功，标志着我国具有了进入世界海洋最深处开展科学探索和研究的能力，体现了我国在海洋高技术领域的综合实力"，"勇攀深海科技高峰，为加快建设海洋强国、为实现中华民族伟大复兴的中国梦而努力奋斗，为人类认识、保护、开发海洋不断作出新的更大贡献"。

热液矿是人类科技进步与进军深海的必然所得，也是在广袤无垠的深海的偶然发现。仅从人类初步探索的深海发现来看，包括热液矿在内的深海科学至少从五个方面关乎国家战略安全：一是探究生命起源。通过深海热液研究回答人类从哪里来，也将指引人类到哪里去。二是新材料开发。热液生物本身的特殊之处，使其能在高温、高压、高毒的特殊环境生存，如仿生利用开发成功，将给人类生产生活带来革命性改变。比如，海洋微生物学家正在培养可以降解石油的深海微生物。三是基因资源争夺。深海生物多样，原始生物与人类基因的联系最为遥远。深海基因资源的商业价值是各国争抢的新赛道。同时，这一生命科学的高地关系着地球生命共同体建设与国家生物安全。比如，科学家正在研究利用海底微生物抑制肿瘤细胞生长。四是战略性资源获取。国际海底区域蕴藏着丰富的钴、稀土等战略性资源，是发展航空航天、军工产业和新能源革命的必需品。五是深海利用权的全面争夺。既包括水面与水下航行规则安排，也包括资源惠益如何分享、环保等公域责任如何承担。

虽然人类已经可以登上月球，但是对深海仍知之甚少。一小步的大收获激发着人类探索深海的决心，人类期待着得到对深海更深的认识与更远的收获。

经过多年酝酿，"联合国海洋科学促进可持续发展十年"（下称"海洋科学十年"）于 2021 年正式起航。2021 年 6 月，联合国教科文组织政府间海洋学委员会（UNESCO-IOC）披露"海洋科学十年"首批倡议与计划。多达 60 多项的计划中包括："挑战者 150"全球合作计划、深海观测网络建设、国际大洋发现计划、2030 年海底和海洋绘制计划等。人类试图用十年时间，利用新技术、新手段，调动各方力量和资源，进行深海地形地貌、生物多样性、海底资源系统性调查，深化对深海生态系统以及人类活动影响的系统性认识，前瞻性地搭建深海数字化网络、智慧电缆。

全球海洋的平均深度达 3700 多米，最深的马里亚纳海沟深度达 11000 多米，比珠穆朗玛峰还要高。人类期待经过十年的"拉网式科考"，结束在深海的盲人摸象阶段。十年后，人类会系统性认识深海吗？结论不得而知。不过可以确定的是，谁在其中先行，谁就推开了大国竞争的下一扇门。主要大国间的深海博弈，将基于以科学能力为基础的综合国力，向战略安全博弈持续演进。当前已然开展的竞争看似激烈，仍然只是序曲。

美苏争霸的深海往事

水下幽灵：潜艇的诞生与运用

美国是最早将潜艇投入实战，以及最早制造出现代潜艇的国家。1864 年美国内战期间，排水量仅 19.5 吨的南方军潜艇用水雷击沉了北方军的巡洋舰，引起各海洋强国对潜艇这一水下幽灵的关注。1897 年，第一艘现代潜艇"霍兰"号诞生于美国。

随着全球化的推进，海上运输线成为名副其实的国家生命线。一战、二战中潜艇战成为事关战局成败的关键。在一战中，英国凭借强大的海军对德国采取封锁战术，德国海军则利用英国依赖海上运输的弱点，以潜艇开展反封锁。1915年2月起，德国宣布有权击沉全部经过英伦三岛附近的船只，仅当年被击沉的英国船只总吨数就超过了其船厂在建船只的总吨位。1917年2月，德国重启无限制潜艇战后，其潜艇平均每月击沉50余万吨船只，往来英国商船的1/4被击沉，英国的食品储备一度只能维持6周。德国潜艇战造成美国船只与公民的严重伤亡，成为美国参战的重要原因。1917年4月，美国宣布参战，5月即援助英国驱逐舰用于反潜护航，从而扭转战局。

在二战中，美国不仅制造了数百艘驱逐舰并用其援助英国，挽救了大西洋反潜战的不利战局，还以损失52艘潜艇为代价，击沉532万吨日本船只，占总击沉日本船只吨位的54.6%。仅就单艇战果而言，二战时期的美国实际上优于一战时期的德国。

美苏安全博弈中的制高点：潜艇与反潜战

整个冷战期间，美国利用技术优势、地理优势试图跟踪、猎杀苏联潜艇，而苏联则不断提高潜艇及武器性能，试图确保对美国的可靠核威慑，以及对美国航母的攻击能力。

二战末期，德国研制出XXI型潜艇。这种潜艇可利用通气管在水下启动柴油机为蓄电池充电，因此减少了作战过程中整艘潜艇浮出海面的次数。战后，美苏均获得了该项技术。加之 20 世纪 50 年代，美苏双双研发出核潜艇，双方遂开启了更为激烈的以潜艇与反潜能力为核心的水下暗战。

美国在幽暗的水下践行着"远程封锁＋重点跟踪"战略。首要的诉求是确保本土安全。与常规动力潜艇不同，核潜艇会在航行中不断发出噪声，更有利于用"声音监视系统"（SOSUS）对其进行持续跟踪。为阻止苏联使用核潜艇攻击美国本土，早在 20 世纪 50 年代，美国便在东、西海岸建立了 SOSUS 阵列，以探测苏联潜艇柴油机在通气管深度运行时产生的噪音。美国还不断尝试技术是否奏效，在 1961 年的实验中，SOSUS 系统追踪了美国弹道导弹核潜艇"乔治·华盛顿"号从本土前往英国的全过程。

远距离封锁是 20 世纪 60 年代至 70 年代美国海军反潜作战的核心。鉴于苏联潜艇远洋活动日趋频繁，其进入北大西洋必须经过格陵兰岛、冰岛、英国之间的水域，即所谓 GIUK（Greenland-Iceland-UK）间隙。美国在 1965 年开始在 GIUK 间隙建立 SOSUS。至 1981 年，美国在全球各海洋战略要冲部署了 36 处。在太平洋海区，也存在着 3 道 SOSUS，覆盖第一岛链、白令海、太平洋中部等海域。当 SOSUS 系统发现数十甚至数百千米外苏联潜艇后，它便向其他反潜平台提供这些潜艇的初步位置信息，供其前往目标海域进一步搜索。在沿海与临近盟国的后方地带，美军主要依靠便于安装信号处理装置的大型陆基反潜机反潜。20世纪60年代末，反潜机的搜潜主要手段——声呐浮标技术出现新进展，出现了能确定潜艇噪声方向的低频被动声呐浮标。这让反潜机可连续投放多个浮标，通过三角定位计算潜艇确切位置。在这一时期开始装备的SSQ-53声呐浮标在冷战中生产数量超过300万枚以上，迄今其改型仍每年生产数万枚。而在苏联近海或远洋，美国则使用核潜艇进行进一步搜索。

作为静默的威慑者，美国不断提高核潜艇的静音性与声呐性能。1961年服役的"长尾鲨级"核潜艇开始使用减振浮筏技术，是第一代静音设计的核潜艇。1967年，"鲟鱼级"核潜艇开始装备拖曳式阵列声呐。1969年，美国"鲟鱼级"核潜艇曾连续跟踪苏联"扬基级"弹道导弹核潜艇多日，录下这种新型潜艇的声纹，并了解了苏联的战时预备发射导弹的区域。这一成功案例就是依靠部署于GIUK间隙的SOSUS率先发现目标，而后使用P-3反潜机进行精确定位，再由核潜艇进行紧跟的结果。

针对美军的"远程封锁＋重点跟踪"战略，苏联精准采取因应措施。首先，苏联努力延长导弹射程。1966年服役的"查理级"攻击核潜艇首次装备了可在水下30米发射的P-70反舰导弹，射程达50千米以上，超出美军水面舰只主动声呐探测范围。1973年的"德尔塔级"弹道导弹核潜艇装备的弹道导弹射程超过7800千米，首次实现了无需通过GIUK间隙对美国本土发动核打击。其次，苏联努力提升核潜艇静音性能。分别于1978年和1985年出现的"维克多3级"和"阿库拉级"攻击核潜艇静音效果都比以往获得提升。

道高一尺，魔高一丈。为了应对对GIUK间隙监控出现的漏洞，一方面，美国采取了补救措施：一是在20世纪80年代建造了14艘装备"拖曳式阵列传感器系统"（SURTASS）的海洋侦察船，将其作为固定式SOSUS的补充，两者被并称为"综合海底监视系统"（IUSS）；二是1985年开始部署"固定分布式系统"，即海底声呐节点，主要负责追踪近距离经过的潜艇；三是重视传统护航，为水面舰只部署拖曳式声呐。另一方面，美国改变战术，实施"战略性反潜作战"。即派遣攻击型核潜艇穿越GIUK间隙，直接攻入苏联弹道导弹核潜艇的"后院"——巴伦支海，迫使苏军将更多攻击型核潜艇用于保护本土与弹道导弹核潜艇安全。在这一时期，美军曾计划装备超过100艘攻击型核潜艇，这一数目是目前美军攻击型核潜艇数量的大约2.5倍。冷战时期美军研制的最后一级攻击型核潜艇"海狼级"可搭载约50枚鱼雷，数量是前一型号的2倍，这是为了提高在苏联近海作战的自持力，避免反复往返补给。

至20世纪80年代末，苏联终于开始逐步扳回劣势，与美国势均力敌。苏联核潜艇的噪音水平已经与美国同期核潜艇非常接近，以至于难以被远程发现。苏联核潜艇可通过卫星与巡逻机组成的海洋监控系统获得目标位置，使用射程达 500 千米的潜射反舰导弹攻击美国航母，美军护航舰只或飞机抢先探测并击沉潜艇已然十分困难。更让美国人头疼的是，苏联能够在不被发现的情况下，对美国战略导弹核潜艇实现长达数日之久的连续跟踪。然而，冷战结束的日子已悄然临近。

冷战中的潜艇与反潜战，不仅事关海上航线安全，更事关美苏争霸的核心——核威慑。美苏第一代弹道导弹核潜艇均于 20 世纪 50 年代末服役。核潜艇具备近乎无限的巡航能力，长达数月的自持力，在主要核投射平台中生存性最佳[①]；装备核弹头的弹道导弹又几乎不可被拦截，被视为最可靠的二次核反击力量[②]。因此，在平时追踪敌方核潜艇、保护己方核潜艇便成为冷战隐秘争斗中"皇冠上的明珠"。这种争斗是长期的，有时甚至是"刺刀见红"。苏联海军曾于 20 世纪 70 年代末设立"水下连续跟踪敌方潜艇"奖项，并每年评比。另据不完全统计，冷战期间美苏核潜艇间曾 7 次相撞。最为知名的事故发生在 1970 年，美国核潜艇"隆头鱼"号在水下与被跟踪对象苏联"回声级"核潜艇相撞。1983 年，美国护卫舰"麦克洛伊"号的拖曳声呐还曾缠上正跟踪此舰的苏联"维克多 3 级"核潜艇的螺旋桨。

[①]　　另外的投射平台包括陆基发射井、机动发射车、战略轰炸机。

[②]　　即确保本方核武器在对方第一波核武器袭击中幸存，并可进行反击。

隐秘战争并未划上句号

冷战随着苏联解体戛然而止，大国之间的潜艇与反潜战却并未落下帷幕。美国从 20 世纪 50 年代起在太平洋建设 SOSUS，至 20 世纪 80 年代中期，已经从日本南部延伸至菲律宾，至今仍在发挥作用。

太平洋海区共有三道美国构建的 SOSUS 系统，分别是主要覆盖第一岛链的"海龙"、布设于太平洋中的"巨人"以及"海蜘蛛"。1996 年，美国及盟国重启"海龙"，随后针对中国潜艇改建和扩建原有水下探测系统，探测频段向低频段延伸，进一步提升了水下反潜作战能力。2006 年，美国将一个新的 SOSUS 网络从海上自卫队冲绳观测所分别向南、向北延伸至九州南部与中国台湾海域。2008 年与 2012 年，美国又在宫古海峡、台湾岛经巴士海峡至菲律宾附近新建水下监视系统。新监视系统增加了两种具备精确定位功能的声波探测器。此外，装备 SURTASS 的海洋侦察船至今仍是南海的常客。

进入 21 世纪，美国提出"水下信息网络中心战"概念。其重点发展的广域海网（Seaweb）、水下持续监视网络（PLUSNet）、可部署自动分布式系统（DADS）等项目致力通过水声与无线通信将反潜战网络化。小型声呐、无人潜航器等成为新的传感器节点，与冷战中的"老主角"核潜艇、SOSUS 获取的信息结合使用。美国海军已经装备"金枪鱼-21"等无人潜航器，并重点发展超大型无人潜航器。2016—2017 年，美国还试验了在陆地安装核潜艇作战系统，将多个无人潜航器侦察所获信息用无人机传输后通过该系统处理。在冷战中就分外激烈的反潜战由此呈现出网络化、智能化的新趋势。

海底光缆的主导权之争

克敌杀手锏

位于莫斯科的克格勃博物馆里陈列着一个美国制造的窃听设备，向世人讲述着"美国现代史上最成功的情报搜集活动之一"——"常春藤之铃"行动的往事。这一始于 20 世纪 70 年代的情搜行动，由美国海军、中央情报局和国家安全局联合执行，由"大比目鱼"号潜艇实施，直到 1981 年美国国家安全局的一名雇员向苏联泄密后才暴露。美国"大比目鱼"号潜艇和特种潜航员在近 160 万平方千米的鄂霍次克海的寒冷水下，找到了苏联人铺设的直径仅为 12.7 厘米的海底电缆，并在海缆上安装了由贝尔公司特别研制的窃听设备。由此在隐秘的海底开启了长达十年的窃听活动。当时的苏联人将鄂霍次克海视为"内湖"，对军事海缆的安全十分自信，以致于这条海缆上承载着的大量核心秘密信息并没有任何加密。美国人神不知鬼不觉地每个月取回一次窃密录像带，源源不断地获取了彼得罗巴甫洛夫斯克基地作战计划和苏联核潜艇的机密数据。

"常春藤之铃"被奉为通过海缆窃取敌方核心机密的经典案例，但并非海缆情报战的开端。早在一战时期，海缆便成为克敌杀手锏。英国政府率先切断德国海缆，而德国知晓后如法炮制，双方海缆战一直持续到战争结束前夕。抗美援朝战争时期，美国曾切断黄海海缆，造成中国被迫使用无线电通信联络，军事机密完全暴露于美军监听之下。

冷战结束后，围绕海缆的破坏与反破坏之战并未结束。2014年克里米亚事件发生时，情报战的具体举措之一便是切断海缆。北约至今仍渲染俄罗斯对其大搞海缆威慑，认为俄罗斯深海特种核潜艇能够在不损害海缆的前提下访问数据，甚至干扰或改变海缆传输的数据。对此，俄罗斯专家予以否认，并指责美国"贼喊捉贼"，还细数美国及北约国家在巴尔干战争、伊拉克战争、利比亚战争中的恶劣行径，以及美国和"五眼联盟"铺设全球情报监听网，连绵不绝地搜集连接亚洲、中东和欧洲主要海缆的国际长话与互联网数据。从"棱镜门"爆出的情况看，不仅中国、俄罗斯，德国、丹麦等西方国家也难逃被美国监控的命运。

是生意还是国际政治

当今世界发生大规模热战似乎难以想象，但美西方不仅持续搞海缆窃密威胁着大多数国家的国家安全，还贼喊捉贼，极力排挤打压别国正常的国际商业合作，极力争夺霸占国际海缆主导权。

2020年7月，在美国施压下，智利被迫放弃与中国合建国际海缆的计划，转而选择同日本合作。这条连接南美和亚太地区的首条海缆原计划终点定在上海，最终只能改为澳大利亚和新西兰。近年来，中国海缆企业实力不断上升。智利项目只是美国以"存在国家安全隐患"为借口无理打压中国海缆企业出海的冰山一角。

由于能够提供比法国阿尔卡特朗讯、日本电气股份有限公司（NEC）及美国泰科旗下海底电子通信公司（SubCom）更质优价廉的选项，中国海缆企业市占率快速上涨。以华为海洋公司为例，虽然仍远远不及三巨头，但也稳居世界四大海缆工程商之列。2008年才成立的华为海洋的全球市场份额目前已超过10%，共在全球新建或升级了105条海缆，包括从南非到英国，及在巴哈马群岛和亚速尔群岛的两条跨大西洋海缆等。

面对来自中国的商业竞争，一方面，美国在涉美项目中排除中企的参与。2020年5月，美国商务部宣布将33家中国企业及机构列入制裁实体名单，其中包括中国海底通信网络的主要供应商——烽火通信。美国司法部、国土安全部和国防部组成的"通信服务业外国参与审查委员会"甚至建议美国联邦通信委员会

（FCC）否决"太平洋海底光缆"项目中与中国香港连接的申请，原因是"这条光缆有可能使中国政府获取美国数据"。

另一方面，美国纠集盟友排挤中企参与国际商业合作。在"四边安全机制""印太战略"框架下，新兴市场南太平洋岛国地区的海缆基建成为美西方抢夺的焦点。2017年6月，澳大利亚秘密情报局局长尼克·沃纳访问所罗门群岛，任务是破坏华为海洋与这一地缘战略要地达成的协议，即修建连接悉尼与所罗门群岛之间的2500英里海缆。2018年9月，澳大利亚和日本联手阻挠华为海洋与巴布亚新几内亚之间达成的海底光缆建设项目。2021年，美国纠结澳大利亚、日本，联合援助瑙鲁、基里巴斯、密克罗尼西亚联邦之间的海缆项目。美国还以所谓"规则"破坏中国企业的国际项目推进。2021年5月，美日启动"全球数字互联互通伙伴计划"，提出鼓励印太、欧洲和南美地区国家采购美日制造商生产的5G基站、海线等基础设施，提高通信网络的"安全性"。

任何国家都有通信的需求和改善通信基础设施的权利。在美欧日三大巨头独揽国际海缆市场时，世界角落里发展中国家的发展需求似乎被人遗忘。而今，中国以共商共建共享推动"一带一路"倡议，努力促进沿线国家及城市数据互联互通，却被无端贴上"损害国家安全"的标签。与打压华为的5G技术一样，美国拿不出任何实质性的证据，正可谓"小偷看谁都像是小偷"。

互联网大动脉与人类命运共同体建设

全球第一条国际海缆建于 1850 年，连接英吉利海峡两端的英国和法国。1988 年铺设的美国与英国、法国之间的越洋海底光缆长达 6700 千米，标志着世界海底光缆时代的到来。1993 年，中国第一条国际海缆——中日海底光缆正式开通，中国更深入地嵌入全球数据网络。截至目前，全球海缆投资累计超过 500 亿美元，总长度超过 140 万千米，可绕地球 35 圈。400 余条海缆构成全球通讯的主干，承载着世界上 95% 以上的数据流量。如果没有海缆，卫星独木难支，全球实时通信不能实现，不会有全球金融系统的实时结算，更不会有爆炸式发展的云计算、大数据、元宇宙的未来。

实际上，海缆铺设投入并非一劳永逸，全球海缆正面临着更新换代。据统计，全球 40% 的海缆铺设于 2010 年前，已处于使用周期的末期。全球海缆建设正迎来第三次高潮，2020—2024 年市场缺口达 43.4 亿美元，年复合增长率超过 15%。如此规模的市场，美西方没有能力也不应以政治化的方式独吞。海缆工程本就有着高度的国际化属性，建设投入大、工期长、受益广，故大多以"俱乐部"或"海缆组织"形式承建。各国通信运营商和近年来涌起的互联网行业从用缆走向建缆，成为海缆国际工程合作的重要力量。

人类看似将高科技布局在深海远洋，"征服了海洋"，海缆实

则面临多重威胁，有着脆弱的一面。2006 年，中国台湾省南部发生 7.2 级地震，造成 13 条海缆受损，互联网大面积瘫痪，包括 1 亿多中国网民在内的亚太居民们 1 个多月无法正常上网；2007 年，一伙海盗为了偷铜在越南沿海水域切断了两个电缆系统；2010 年，恐怖分子在菲律宾卡加延德奥罗沿岸切断了一根海缆；2013 年，埃及海岸警卫队抓住了三名潜水者，他们正试图在亚历山大城附近海岸几百米的海床上切断海缆。有关海缆遭到破坏的消息在全球各地频频爆出，除了国家间的海缆战，渔船与货船抛锚、恐怖袭击、自然灾害都可能造成或长或短的海缆通信中断，影响人类生产生活的正常运转。这一切，关乎人类共同利益，需要全人类携手共同应对。

深海规则之争

开创性的区域制度

区域制度是旷日持久的《联合国海洋法公约》（以下简称《公约》）谈判的焦点问题。1873年，英国"挑战者"号远洋探险船率先在海底发现金属锰结核，囿于当时的技术条件并没有进行开采。二战后，联合国召开三次海洋法会议推动《公约》缔约，在历时20余年的多轮谈判磋商中，发达国家和发展中国家围绕包括海底矿产资源在内的公海确权问题开展了激烈的博弈。

作为战后国际法的最重要发展，《公约》为人类海洋活动提供了较为全面的法律框架，缓解了各国海洋权利主张的激烈对立，被誉为联合国最伟大的成就之一。除了优化领海、毗连区、专属经济区制度、对海洋航行规则做出共识性安排之外，《公约》对公域治理进行里程碑式的尝试，开创性地确立区域制度。

依据《公约》第11部分"区域"第136条规定，"区域"及其资源是人类的共同继承财产。《公约》为此做出三个明确：一是明确"区域"是指国际海底区域，即国家管辖范围以外的海床洋底及其底土，大体上认为是各国领海、毗连区、专属经济区、大陆架以外的区域。二是明确"资源"是指"区域"内在海床及其下原来位置的一切固体、液体或气体矿物资源，其中包括多金属结核矿；从"区域"回收的资源称为"矿物"。三是明确设立国际海底管理局，国际海底管理局代表全人类对"区域"及其资源进行管理。

据既有研究掌握，深海矿产资源包括多金属结核矿、富钴结壳矿、深海磷钙土、海底多金属硫化物矿、稀土等。据科学家估计，"区域"多金属结核矿总资源量达 3 万亿吨，有商业开采潜力的约 750 亿吨；海底富钴结壳矿中钴资源量达 10 亿吨；"工业的维生素"稀土资源仅在太平洋深海沉积物中就蕴藏着 880 亿吨。深海矿物资源大多是航空航天、军工和新能源革命所必需的战略性资源。

世界主要海洋大国均高度重视深海战略性资源的勘探、开发、利用。美国、英国等国家 20 世纪 60 年代就开启了"区域"资源调查，70 年代已经完成多金属结核矿的勘查和采矿试验，到 80 年代末基本完成商业化技术储备。加拿大、日本、法国等国家的深海矿业公司正在紧锣密鼓地加紧采矿技术研发。

中国在"区域"开发中后来居上。1991 年，中国登记注册为国际海底开发先驱者。中国相继获批东北太平洋多金属结核合同区、西南印度洋多金属硫化物合同区、东北太平洋富钴结壳合同区，成为世界上第一个在国际海底区域拥有"三种资源、三块矿区"的国家，也成为拥有"区域"区块和面积最多的国家。中国还是最早开展深海稀土资源调查研究的国家之一。2011年以来，中国组织了在太平洋和印度洋开展多个航次的稀土资源调查，划分出4个富稀土成矿带。

世界上绝大多数国家没有能力进行"区域"开发。除美国之外的主要大国依照国际海底管理局的规定进行相关"区域"开发利用。国际海底管理局于2000年、2010年、2012年分别发布了有关区域内多金属结核、多金属硫化物以及富钴铁锰结核的探矿和勘探规章，为各国申请勘探区块提供了指南。由于美国没有加入《公约》，至今不受《公约》以及国际海底管理局相关规章制度的约束。

美国"守法"的虚伪性

反对区域制度是美国国会不批准美国加入《公约》的最重要原因之一。1982年《公约》草案最终敲定伊始，美国便宣扬《公约》"强制性技术转让"和"配给制度"条款违背了自由市场原则、损害企业研发。里根总统公开质疑"《公约》中关于深海矿藏开发的部分不符合美国的目标"。美国担忧在国际海底归属及其资源分配这一有关海洋秩序的核心问题上，加入《公约》将不得不接受国际责任义务安排；自身对国际海底管理局理事会机制影响力不够大，不能按照美国意愿操纵国际海底管理局审查委员会。

于是，美国 30 余年来一直游离于《公约》之外。美国事实上享受着与《公约》有关的全部海洋权利，却不承担《公约》规定的相应义务与限制，还张口闭口指责别国违反《公约》规定，"完美演绎"了什么是"遵守国际法"的双标。在"区域"开发中，尽管国际海底管理局从未给美国这个非成员国颁发过任何一份勘探许可，但这并不影响美国在深海矿产勘探中扮演"重要角色"。美国是全球第一个通过立法保护海底权益的国家，1980 年便率先通过《深海底硬固体矿物资源法》（美国国内法）。在其他主要大国按照国际海底管理局规章公示"区域"开发计划、进程，承担相应国际责任时，美国的国际海底开发完全不透明，并没有接受应有评估与国际监督。

公海确权的又一次革命

"国家管辖范围外海域生物多样性养护和可持续利用协定"（BBNJ 协定）谈判是当前最重要的国际海洋立法进程。2015 年联大通过第 69—292 号决议，充分肯定了 BBNJ 协定养护和可持续利用问题的重要意义。BBNJ 协定涉及的面积达到地球总面积的 45%，海洋总面积的 64%；涉及深海权力关系重塑。当前，内陆国家与沿海国家、发展中国家与发达国家、小岛屿国家等各方就 BBNJ 协定谈判立场差距大。这源于各方深知，该谈判将对现有国际法体系和国际海洋秩序产生深远影响。

如果说《公约》缔约是对最早由格劳秀斯提出的海洋自由原则的修正，那么BBNJ协定谈判将冲击公海自由原则。《公约》实现沿海国对国家管辖海域确权与公海自由的平衡，修正了绝对的海洋自由，公海自由已经成为国际社会所公认的理念。BBNJ协定谈判旨在保护公海生物多样性，保障生物资源可持续利用，规则变革包括海洋保护区划设、环评标准等。举个例子，当前各方在公海捕鱼遵循谁捕获谁拥有，国家管辖范围外海域生物被看成是无主物（虽然会有捕捞配额的约束）。BBNJ协定的方向是将公海渔业资源定义为人类共有物，这是物权的重大改变，是新的海洋"圈地运动"。

在深海遗传资源的获取和惠益分享上，由于《公约》缔约时人类尚缺乏认知，并没有将其明确为人类共同继承财产。BBNJ协定中各方就该问题立场对立尖锐，发展中国家坚持人类共同继承财产立场；美国等国家则依托技术优势，意图加速"先到先得"。从世界知识产权组织备案数量看，美国就深海基因资源相关技术备案位列全球第一，部分已转化为巨额商业利益。而多达160余个国家与此无缘。在能力建设和技术转让上，美俄和欧盟抵制惠益分享机制，主张现有的规则设计中能力建设和技术转让条约已经足够，只需加强与现有组织的协同作用即可。

在海洋保护区划设问题上，"绝对环保主义"者来势汹汹。

"兼顾保护与利用"的平衡主张反而遭到非难。英国牵头成立"全球海洋联盟",呼吁到 2030 年通过划设海洋保护区保护至少 30% 的全球海洋。"3030"目标已成为席卷全球的"政治浪潮",有从软倡议向硬主张转变的趋势。其实在 2010 年第 10 届生物多样性大会上,《生物多样性公约》缔约方提出了保护全球 10% 的海岸和海洋面积的"名古屋目标";十余年来全球仅有 7% 左右的海域被划为保护区,且大多数仅存在文件中,管控措施难以落地。可见"3030"目标不切实际,怕是有些国家在拼命争夺话语权与规则制定权,限制他国海洋自由和权益。

参 考 文 献

1　《习近平谈建设海洋强国》，人民网，http://politics.people.com.cn/n1/2018/0813/c1001-30225727.html。

2　《习近平致"奋斗者"号全海深载人潜水器成功完成万米海试并胜利返航的贺信》，求是网，http://www.qstheory.cn/yaowen/2020-11/28/c_1126797402.htm。

3　张炜：《海洋变局5000年》，北京大学出版社2021年版。

4　赵军、刘奎：《美军水下探潜体系对我国潜艇构成严重威胁》，《中国青年报》2015年2月13日。

5　高琳、张永峰：《美国水下信息系统发展现状分析》，《科技创新与应用》2018年第19期。

6　张寅权等：《水下目标监视系统发展综述》，《海洋信息》2019年第1期。

7　朱丹：《美国潜艇作战系统发展及启示》，《飞航导弹》2019年第7期。

8　《2020—2024年全球海底光缆市场年复合增率超15%》，电缆网，https://www.big-bit.com/MagMob/conn202010-359862.html。

4

第四章

极地与国家安全

近年，伴随气候变暖和海冰消融加快，极地开发逐步由愿景变为现实，引发国际社会广泛关注。同时，北极和南极地区既存在领土主权和海洋权利声索扩大化、区域活动军事化等共性问题，也存在例如北极航道和资源开发等个性矛盾，对极地安全造成深刻影响。极地环境、资源、地缘等领域安全危机加深，也必将对全球安全问题产生深远影响。

冰盖消融的"蝴蝶效应"

2020 年 6 月 20 日，一场异常持久热浪席卷西伯利亚，当地平均温度较正常水平高出 10℃。北极圈内俄罗斯维尔霍扬斯克小镇的温度甚至达到了 38℃。2021 年 12 月，世界气象组织正式确认这一温度史无前例，是北极高温的新纪录。南极大陆也在 2020 年夏季创下了 18.3℃的温度新纪录。目前，北极已成为全球升温最快的地区之一，速度是全球平均水平的 2 倍以上。为此，世界气象组织继 2007 年开始记录南极地区的温度极值后，又在档案库中增加"北极圈 66.5°及以北地区的最高温度纪录"新词条。根据《自然》杂志发表的最新研究，北极圈的气温正快速上升，21 世纪或许会成为北极地区 11.5 万年以来最温暖的世纪。南北两极气温加速上升不仅对当地原住民和生态系统造成多重影响，其所产生的"蝴蝶效应"也将系统性地影响全球气候和生态环境。

气候变暖对南北两极最直观的影响莫过于冰盖消融和多年冻土融化。根据联合国政府间气候变化专门委员会（IPCC）报告，如果全球变暖稳定在比工业化前高出 1.5℃的水平，则北冰洋每 100 年才会出现一次无冰现象，但如果全球变暖 2℃，这种情况可能每 3 年就会发生一次。

与此同时，北极冰冻圈不断缩小，积雪、湖泊和河冰以及多年冻土的多维度变化已对极地粮食、水资源、健康、就业等领域的安全，交通、旅游、娱乐等基础设施，以及土著居民文化等多方面产生了显著的消极影响。北极原住民已经开始调整传统的放牧、狩猎、捕鱼生活方式，改变活动时间，以应对环境改变，以及陆地和冰雪上的交通安全条件变化。一些在北极圈周边居住的人，尤其是土著居民，还会根据季节和陆地、海冰、冰雪状况调整了自己的出行和狩猎活动。北极圈周边城镇和企业已开始解决受洪水和多年冻土融化影响的基础设施问题，积极应对食源性和水传播疾病、营养不良、外伤和精神健康压力等风险，一些北冰洋沿岸社区甚至开始着手制订搬迁计划。而缺乏资金、技能、能力和机构等方面的支持成为了当地原住民有效适应极地气候变化的主要困难。

跳出南北两极来看，极地冰川和冰盖质量减小、海洋升温范围扩大，还会造成全球海平面上升速度加快。联合国报告认为，2007 年至 2016 年南极冰盖的质量损失量是 1997 年至 2006 年间的 3 倍。格陵兰岛同期的质量损失量是 1997 年至 2006 年间的 2 倍。丹麦"极地门户"（Polar Portal）网站相关数据显示，2021 年是格陵兰岛冰盖连续第 25 年在融化季节失去的质量大于冬季获得的质量。格陵兰岛和南极冰盖的冰量损失速率都有所增加，

< 因纽特人

< 冰川融化

而冰川质量持续损失和海洋热膨胀导致的直接结果就是近几十年全球平均海平面开始加速上升。20世纪全球海平面已经上升了约15厘米，而当前上升速度是先前的2倍多，达到每年约3.6毫米，这一速度还将不断加快并持续几个世纪。

全球海平面上升继而会增加极端海平面事件发生的频率。比较显著的情况就是，到21世纪中叶，在某些地区较低程度的温度上升也会导致过去百年一遇的海水涨潮和强暴风雨等海洋灾害每年都会发生一次。有评估称，在1986年至2005年期间属于百年一遇的极端海平面事件到2050年会在热带等地区更为频繁地发生，至少为每年一次。这对许多沿海低洼城市和小岛屿的威胁尤为突出。IPCC报告指出，沿海低洼城市和小岛屿将会面临不断升级的洪水风险，一些岛屿国家甚至可能因为气候相关的海洋和冰冻圈变化而不再适合人类居住。

南北两极海冰融化加速还与近年全球气温反常现象存在千丝万缕的联系。2018年冬天，北美洲最南端出现反常降温，有关"极地漩涡"的报道频频见诸报端。2019年1月，印第安纳州气温低至-29℃，几乎是该地1936年历史最低温度数值的2倍。而北极圈内情况正好相反，同月北极平均海冰面积仅为1356万平方千米，比1981年至2010年的长期平均面积少约86万平方千米，仅略高于2018年1月创下的历史最低值。2020年的极地高温也助长了全球多地毁灭性大火，并使得2020年成为有记录以来的三个最暖年份。世界气象组织调查人员正在核实 2020 年和 2021 年在美国加利福尼亚州死亡谷记录到的 54.4℃的温度读数，同时也在验证 2021 年夏天新报告的意大利西西里岛 48.8℃的欧洲温度记录。该组织表示，以往很少如此频繁和同时开展极端温度核实工作。

北极永久冻土中富含有机物，其碳含量几乎是大气碳含量的 2 倍。若有 30%—70% 的永久冻土在 2100 年之前融化，则封存在有机物中的碳就会不断被微生物分解。微生物会以这些碳作为燃料或能源，并以二氧化碳或甲烷的形式将其释放至自然环境中，总量可能达到 1300 亿—1500 亿吨，相当于美国以当前年排放量一直持续到 2100 年的总和。这将显著增加全球大气中的温室气体含量。这种生物过程还会导致出现一些奇异的景观。在阿拉斯加部分北极地区，地面软化和塌陷产生一片片犹如蜂窝状奶酪的土地和湖泊。一些地表冰层融化为水，集聚成水塘。因为水比较浅，肉眼可见很多水塘就像烧开水一样，不断产生着"气泡"。这些气泡是微生物尽情享受古代有机物"盛宴"后释放的甲烷。

永久冻土融化也将大量的汞输入全球食物链。北极是地球上汞含量最高的地方。美国地质调查局估计，极地冰川和永久冻土中总共存储着 165.6 万吨汞。这大约是全球其他所有陆地、海洋和大气中汞含量的 2 倍。在有机物含量高的地方，汞通常会与有机物结合在一起，进而侵入食物链，进行生物积累。极地的永冻层就像是大工厂，冻土融化好比催化剂，大量的汞伴随永久冻土融化被释放进湿地系统，湿地环境非常有利于有机体对汞的吸收，这些有机体随后又成为野生动植物的食物来源。这条"带毒"的食物链随着大洋环流、动物迁徙逐步扩散至全球各个角落，必然对人类生命健康安全造成深远的影响。

被激活的远古病毒

2016年，加拿大育空地区的一名矿工在冻土层中发现一具保存完好的幼狼尸体。这具被命名为"卓尔"（Zhur）的雌性"狼木乃伊"大约生活在距今5.7万年前。其头部、四肢、牙齿等部位都保存得非常完好，科学家甚至检查出了它胃里留存物。

如今，科学家在北极地区发现的远古生物尸体已经数不胜数。2019年西伯利亚永久冻土层中出土了一只保存完好的小狗遗骸；2020年科学家们在西伯利亚东北部的永久冻土层中发现一具4.6万年前的鸟类完整遗骸；2020年，依旧是在西伯利亚永久冻土层出土了一只保存良好的披毛犀尸体，研究人员表示它生活在冰河时代，也许可以追溯到3.4万年前甚至更早。

北极圈不断发现新的古生物，这本身就足以佐证全球变暖加剧的趋势。根据联合国报告，多年来结冰的多年冻土地正在升温和融化，大范围的多年冻土融化预计在 21 世纪发生。即使全球变暖控制在远低于 2℃范围内，到 2100 年，近地表（3—4 米深）约 25% 的多年冻土将融化。如果温室气体排放量继续大幅增长，70% 的近地表多年冻土有可能消融。

一旦南北两极解冻，伴随不断出现的动物尸体的还有冻土下封存数万年的大量远古病毒和细菌。这些古微生物是否会对人类发起"突然袭击"，进而造成"灭顶之灾"尚未可知。

这并非危言耸听，现实案例已经敲响了生物安全的警钟。2005 年，科学家在冰层中发现数万年的猛犸象尸体，其中携带着超过 3 万年前的古细菌。当冰川融化后，这些细菌开始再次游动。2014 年，法国研究人员将已在永冻土中"封存"3 万年的病毒样本带回实验室。病毒在重新加热后迅速恢复活力。2018 年，俄罗斯和美国研究人员解冻了西伯利亚永冻土样品，并成功让两条冰封了超过 3 万年的线虫复活。

由于人们对"远古病毒"认识不足、警惕不够所导致的灾害事故也时有发生。2016 年 8 月，一场炭疽疫情重创俄罗斯北西伯利亚地区的亚马尔—涅涅茨自治区，共导致一名 12 岁男童因炭疽死亡，20 多人确认感染炭疽杆菌，2300 多头驯鹿死亡，数百名饲养驯鹿的游牧民撤离疫区。俄罗斯政府不得不派遣一支具备生化战技能的军队前往该地区开展处置工作。当地政府认为，此次疫情正是由于连日 35℃的高温使得北西伯利亚地区的冻土融化，进而让一具曾受炭疽杆菌感染的驯鹿尸体再次暴露在外而引起的。俄罗斯首席公共卫生专家安娜·波波娃说，亚马尔—涅涅茨自治区上一次暴发炭疽疫情还是在 1941 年。1968 年，当地被正式确认为无炭疽发病病例。俄罗斯农业监管部门说："炭疽孢子在冻土内等待了超过一个世纪。"世界自然基金会分管俄罗斯气候和能源的官员阿里克谢·科科林说，炭疽杆菌可以孢子形式存在于冷冻的人类或动物遗体中数百年。

除了动物的尸体本身携带的细菌和病毒外，在北极冻土层中还发现了很多被封存的病毒。永久冻土或冰川融化可能释放出古老的微生物，从而引发各种疾病，其致命性和传染性可能要高很多。关键问题是现代的抗生素能否有效对抗这些古老病毒。《生物学》杂志发表的一篇论文显示，俄罗斯科学院生物技术联邦研究中心和国家科学中心库尔恰托夫研究所生物学家对从雅库特地区距今 1.5 万至 180 万年的永久冻土中提取的五种菌株基因进行全基因组研究，发现其中一种古老细菌对链霉素、壮观霉素、氯霉素和四环素等广泛使用的抗生素具有耐药性，并对重金属和砷具有免疫力。虽然这种细菌分布广泛，通常情况下不是病原体，但其近亲则可能引发人类和动物的致命传染病。该研究结果表明，如果全球变暖导致冰川释放出某些具有耐药性的病原微生物，那么人类要想对抗它们就不是那么"轻而易举"了。这就要求我们对现在埋于永久冻土中的潜在病原体进行研究，以备不时之需。

2021 年 12 月，俄罗斯外交部巡回大使、北极理事会高级官员委员会主席尼古拉·科尔丘诺夫表示，北纬地区变暖引发冻土层之下古老病毒和细菌复苏的风险，俄罗斯作为北极理事会的轮值主席国，提出了"生物安全"计划倡议，以做好早期预防，及时消除隐患，共同抵御冻土带衰退引发的传染病等风险。

极地航道的开发浪潮

近年，伴随气候变暖和海冰消融加快，极地开发逐步由憧憬变为可能，引发国际社会广泛关注。南北两极地区领土主权和海洋权利声索扩大化、区域军事化等共性问题凸显。

南极是进行多国电磁、气象、卫星武器研究的重要试验场，是大国军事"全球到达，全球打击"战略的重要一环。美国、智利、阿根廷、日本等国多以保障南极考察的名义开展军事活动，将南极科考与国家安全密切结合，以在未来南极资源争夺和领土划分中占得先机，谋取有利态势。美国、英国、澳大利亚等国加力影响现有南极治理格局，谋求主导南极航空规则制定，钳制他国进出南极通道。

伴随北极气候变暖和海冰融化加速，域内外国家纷纷调整北极政策，重点是要抢抓北极航道开发的新机遇。北极共有 3 条航

道，即东北航道、西北航道和中央航道。中央航道横穿北冰洋中心，目前仅有科考和工作船通行记录，短期来看对商业航行意义较小。西北航道东起加拿大巴芬岛，向西直抵美国阿拉斯加以北的波弗特海。其间，船舶需在加拿大北极群岛、丹麦格陵兰岛之间多个海峡和冰山中穿行，航行条件差，通行难度大。东北航道西起冰岛，经巴伦支海，沿欧亚大陆北方海域向东至白令海峡，夏季已具备商船阶段性通航条件，可使远东至欧洲航程缩短近3000海里。东北航道在俄罗斯专属经济区内的部分航段也被称为北方海航线。

近年，俄罗斯持续采取措施，推动北方海航线开发。俄罗斯国家原子能公司已取代交通部北方海航线管理局，负责北方海航线的开发和运营，管理俄罗斯北部沿海基础设施和港口建设，进一步明确了航道管理机制。俄罗斯政府还增加航线开发投资，2020年向北方海航线联邦项目投资173亿卢布，较2019年增长9.4%，2021年和2022年预算投资或分别达到290亿卢布和753亿卢布。在北极航道通行规则方面，俄罗斯要求外国船舶通过北方海航线必须提前45天向俄方通报船舶和航行信息。俄方有权对违规船舶采取强制停船、扣留和击沉等措施。美国在争夺北极航道控制权方面也不甘示弱。2018年美国海军作战部长理查德森、时任防长马蒂斯相继表态，要求提升北极战略博弈，重回大国竞争，"北极冷战论"开始抬头。最为明显的是美国《华尔街日报》网站在 2018 年和 2019 年，连续两年的 1 月分别刊登题为《北极圈冷战》和《冷战博弈：美国欲试水冰封的北极》的两篇评论文章，明确强调北极对全球贸易和国家安全具有重要战略意义，美国必须强硬回应俄罗斯的北极军事建设。后一篇文章更是直言美国海军计划是为扩大北极军事存在，维护北极航道利益，应对中俄的北极影响力"扩张"。果不其然，在此之后美国国防部"印太战略"报告首次将北极纳入"印太战略"总体框架，《北极战略报告》进一步强调该地区作为连接印太和欧洲两大板块海上通道的战略价值，突出北极"安全和稳定"与美国全球战略竞争的互动效应，要求逐步提升美国在北极的军事存在，巩固区域同盟体系，强化对"长期竞争对手"的军事威慑。

极地要地的大国角逐

抢占极地要地的典型案例要数 2019 年时任美国总统特朗普发推特向丹麦购买格陵兰岛（简称"购岛事件"）。此消息一出"激起千层浪"，丹麦和格陵兰政府相继公开表示拒绝，国际舆论哗然。丹麦首相弗雷泽里克森更直言该讨论"荒唐"，特朗普遂取消原计划对丹麦的国事访问。两国关系一波三折，最终以领导人通电话的方式尴尬收场。美国政府此举乍看不合常理，实为抢占要地。特朗普将购买格陵兰岛称为"大规模不动产交易",而不动产价值的核心要素就是"地段"。格陵兰岛扼守北美至欧洲最短空中航线,紧临连接北冰洋与北大西洋的海上咽喉要道,是美国构筑北美防空体系、监控俄罗斯北方舰队行动以及战时对欧洲增援的核心节点。如果美国能同时拥有阿拉斯加和格陵兰岛,将可以在北极构筑起针对俄罗斯方向军事安全威胁的完整防御体系。在此背景下,强化在格陵兰岛政治、经济和军事存在早已成为美国的既定政策。所以特朗普提出购岛要求既是意料之外,也是情理之中。

此前,有观点指出美国政府缺乏满足北极行动需求的紧迫感。虽然其先后出台多项北极战略和政策,但均未得到有效落实。这导致美国在北极地区的基础设施和能力建设严重滞后。"购岛事件"的重要性在于,其实际上是特朗普政府北极战略由纸面谋划向实践落实转变的标志性事件。也正是透过"购岛事件",外界开始注意到美国政府正在对北极国家开展密集外交攻势,系统性强化对相关国家的外交影响。8月18日,时任国务卿蓬佩奥与丹麦外长科福德就特朗普推迟访问丹麦通电话,讨论强化两国北极合作。8月22日,蓬佩奥访问加拿大并与特鲁多总理讨论北极合作,强调加拿大对北极共同防御的重要性。9月4日,美国副总统彭斯访问冰岛并与约翰内松总统会晤,感谢冰方提供安全和军事领域协助,提出强化两国在北约框架下的同盟关系。10 月 2 日，芬兰总统绍利·尼尼斯托访美并同特朗普总统商讨欧洲和北极安全合作。这种罕见的高频率高层互动表明，购买格陵兰岛并非孤立事件，而是美国北极战略大框架的一部分，其核心目标之一是全面提升与北极国家外交和安全协作水平，进而遏制竞争对手的区域影响力。

特朗普这一"意外之举"最直接的效果就是促动格陵兰岛内独立势力进一步抬头。格陵兰政府一直希望脱离丹麦实现完全独立。该岛 5.6 万人口的近 70% 支持这一目标，格陵兰议会 7 个政党中也有 4 个支持独立。特朗普购岛未成，却在一定程度上助长了格陵兰岛内独立倾向。来自格陵兰的丹麦议会议员拉森认为，丹麦对该岛相关问题不屑一顾的态度已引发不满；格陵兰议员布罗博格则要求当地政府根据 2009 年《格陵兰自治条例》第 21 条相关内容，与丹麦商讨独立问题。在各方压力下，丹麦首相数次表示将允许格陵兰对丹麦政府外交政策拥有更大话语权，但该岛不能采取单独的外交政策，意图守住格陵兰岛最终独立的"红线"。当前，美国正积极谋划增设驻格陵兰领事馆，数次绕过丹麦政府直接与格陵兰开展贸易、基础设施、教育和科研等领域合作。未来格陵兰岛政治走向及其在美国北极战略中将扮演的角色值得持续关注。

此外，"购岛事件"还导致北欧国家与美国在北极战略问题上的裂痕明显加深。北极理事会八个成员国中，挪威、瑞典、芬

兰、冰岛和丹麦北欧五国在北极问题上的利益趋同、立场相近，主张维持北极"低紧张"的地缘政治环境，对域内外国家务实合作态度积极，但对域外国家参与北极治理，特别是涉足区域安全议题较为警惕。此次事件发生后，北欧五国态度主要出现两方面变化：一方面对大国主导北极事务反感上升。此前在美国宣传和鼓动下，五国倾向于将中俄视为区域稳定的主要威胁。但"购岛事件"引发五国强烈担忧，其"抱团取暖"、共同发声和相互策应的战略诉求凸显，立场开始转向保持北极地缘政治均势，反对任何单一大国主导北极事务。冰岛总理卡特琳·雅各布斯多蒂尔拒见美国副总统彭斯，瑞典外长玛戈特·瓦尔斯特伦公开批评美国北极政策等少见之举均意在表达对美国"以强凌弱"行径不满，展现北欧国家的团结。另一方面与域外国家合作治理北极意愿增强。8月20日，北欧国家领导人邀请时任德国总理默克尔作为嘉宾共商北极发展和气候变化等议题，呼吁德国发挥更大作用。瑞典外长甚至提议，中俄美在联合国框架下"为北极构建基于国际规则的秩序"。10月10日，第七届北极圈论坛期间，冰岛和芬兰两国总理均明确提出，各方应考虑北极理事会是否可以涉及"硬安全"议题，或为此新设单独论坛。这表明北欧五国在北极治理问题上的立场出现新一轮调整，希望以机制合作代替区域竞争，以域外参与平衡大国"霸凌"的政策导向将愈发明朗。

由上可见，极地安全是各国开展各类极地活动的重要前提和保障，维护两极地区安全和稳定符合世界各国的根本利益。中国一贯主张和平利用极地，致力于维护和促进极地的和平与稳定，保护极地地区人员和财产安全，保障海上贸易、海上作业和运输安全，积极参与南极和北极治理活动，支持各国依据《联合国宪章》《联合国海洋法公约》《斯匹次卑尔根群岛条约》《南极条约》等国际条约和一般国际法维护极地安全稳定。同时，中国也是极地安全的重要利益攸关方，两极地区的发展变化直接影响中国的生态环境和经济利益，中国需要在极地跨区域和全球性问题上积极发挥更具建设性的作用，致力成为极地事务的参与者、建设者和贡献者，做到"不缺位、不越位"，以更为积极主动姿态维护极地安全。

参 考 文 献

1　《38℃！世界气象组织确认北极温度新记录》，联合国网站，https://news.un.org/zh/story/2021/12/1096072。

2　《气候变化：格陵兰冰盖连续 25 年缩小》，联合国网站，https://news.un.org/zh/story/2022/01/1097142。

3　《IPCC 发布〈气候变化中的海洋和冰冻圈特别报告〉》，《中国气象报》，http://zwgk.cma.gov.cn/2011xwzx/2011xqhbh/2011xkydt/202111/t20211101_4106338.html。

4　Special Report on the Ocean and Cryosphere in a Changing Climate, IPCC, https://www.ipcc.ch/srocc/.

5　《北极永冻层解冻释放出的有毒物质》，英国广播公司（BBC）网站，https://www.bbc.com/ukchina/simp/vert-fut-48856517。

6　《24000 年前生物被"复活"，北极远古病毒正在苏醒！科学家：给人类敲响了警钟！》，搜狐网，https://www.sohu.com/a/474563215_121124451。

7　《病毒"冰牢"正融化》，新华网，http://www.xinhuanet.com/globe/2020-08/18/c_139296713.htm。

8　《俄北西伯利亚暴发炭疽疫情 一男童死亡数十人感染》，新华社，http://www.xinhuanet.com/world/2016-08/04/c_129202004.htm。

9　《永久冻土中的古细菌可能对现代抗生素具有耐药性》，俄罗斯卫星网，https://sputniknews.cn/20211101/1034730542.html。

10　《俄外交部：俄罗斯提出永久冻土带融化的抗病毒计划》，俄罗斯卫星网，https://sputniknews.cn/20211213/1034957915.html。

11　Russia gives nuclear group control of Arctic sea route, Financial Times, https://www.ft.com/content/b5dc9c38-fd56-11e8-aebf-99e208d3e521.

12 17.3 billion rubles to be invested in the Northern Sea Route project in 2020, The Arctic, https://arctic.ru/news/20191001/879779.html.

13 Not All Is Quiet On the Arctic Front, The Moscow Times, https://www.themoscowtimes.com/2019/03/25/not-all-is-quiet-on-the-arctic-front-a64904.

14 A Cold War in the Arctic Circle, The Wall Street Journal, https://www.wsj.com/articles/a-cold-war-in-the-arctic-circle-1514823379.

15 Cold War Games: U.S. Is Preparing to Test the Waters in Icy Arctic, The Wall Street Journal, https://www.wsj.com/articles/cold-war-games-u-s-is-preparing-to-test-the-waters-in-icy-arctic-11547243592.

16 Report to Congress Department of Defense Arctic Strategy, US Department of Defense, https://media.defense.gov/2019/Jun/06/2002141657/-1/-1/1/2019-DOD-ARCTIC-STRATEGY.PDF.

5

第五章

太空与国家安全

天高地迥，觉宇宙之无穷。太空，广袤而无垠，浩瀚而深邃，对未知领域的敬畏和好奇驱使着人类前赴后继地迈出探索宇宙的脚步。自 1957 年苏联发射第一颗人造地球卫星"斯普特尼克 1 号"以来，太空早已不是如夸父追日、嫦娥奔月、万户驭箭、敦煌飞天等中国古代神话故事般遥不可及，人类正以前所未有的速度和规模享受着征服太空的成就感。1961 年，苏联宇航员尤里·加加林成为首位踏足太空的地球人。而后美国人另辟蹊径，全力开启了奔向月球的竞赛。如今，当我们仰望星空，映入眼帘的不仅有满天星斗，还可能邂逅一闪而过的"天宫"和"北斗"。

伴随人类太空活动的"爆炸式"增长，载人航天日渐稀松平常，卫星发射成为"家常便饭"，定居火星似也不再是天方夜谭，可谓真正的"可上九天揽月，可下五洋捉鳖"。然福兮祸之所伏。毛泽东主席于 1958 年写道："人类今娴上太空，但悲不见五洲同。"在毛主席心中，人类已经能够娴熟地将卫星送上天，本该共同奔向美好的大同社会，但因帝国主义的压迫，依旧不能享受理想社会的美好生活。探索太空不仅推动人类的进步，也将独具人类特色的问题拓展开来。太空碎片治理、太空军事化加剧、太空轨道资源争夺、太空规则话语权塑造等一系列涉及太空利益的"尔虞我诈"，凸显太空安全形势的不断恶化。遥远而静谧的太空已然喧嚣而拥挤，"星球大战"看起来很远又或许近在眼前。

人类活动的"第四边疆"

太空是人类继陆地、海洋和大气之后开拓的第四活动疆界。1967年，中国航天事业的重要开创者钱学森首次提出"航天"这个新名词。他受到毛主席的诗句"巡天遥看一千河"的启发，将在大气层内的飞行活动称为"航空"；大气层以外，太阳系以内的飞行活动称为"航天"；把飞出太阳系，到广袤无垠宇宙空间的活动称为"航宇"。此后，航天这个颇具浪漫色彩却又形象至极的名词被广大中国人所接受，继而创造出航天人、航天员、航天探索、航天科技、航天精神、航天报国、航天事业等具有"中国特色"的表述。人类的航天活动从幻想开始，经历漫长而曲折的道路，如今已成为社会政治、军事、经济、文化和普通人日常生活中不可缺少的一部分，在探索宇宙奥秘、国民经济应用以及提高人类生活质量等方面，发挥着不可替代的重要作用。

航天技术创新与成果转化造福全人类。航天活动是一项多学科、跨领域、综合性的系统工程，为促成太空探索而研发的研究成果已从多方面反哺人类，每个人的吃穿住行用都或多或少在默默享受着航天技术带来的便捷。"旧时王谢堂前燕，飞入寻常百姓家。"或许我们不会想到，日常生活中司空见惯的方便面蔬菜包背后就有高大上的航天食品科技的功劳。为了让宇航员在太空中吃到瓜果蔬菜，科研人员发明了冻干技术，这种冻干食品无需冷藏设备就可在室温下长期保存且不变质。这项技术最终被运用到方便面蔬菜包中，成为居家旅行必备之方便面的最佳伴侣。

市面上运动鞋常用的中空吹塑成型技术亦源于"阿波罗"计划中航天服的研制。科学家为让航天服内胆保持厚度均匀，并且能承受很大压力，便把耐压软材料加热软化放在模具中，然后再向模具中吹入高压气体，而运动鞋制造商很快就将其运用到运动鞋帮的制作当中。

人们现在每天能喝上纯净水，某种程度上也要感谢航天技术。20世纪50年代，为保证航天员在太空中的饮用水安全，科学家发明了水过滤技术。后来又进一步改进，在水过滤器内放入活性炭，消除水中的细菌杂质。现在活性炭过滤技术已经广泛应用到各种水过滤场景，为人们提供安全清洁的饮用水。家庭床上用品中常用的记忆海绵最初也是为了航天员进行太空旅行而设计，目的是减轻宇航员在飞行过程中所承受的重力压力。记忆海绵具有吸震、减压、慢回弹的特点，能够根据身体的曲线和温度自动调整形状，从而化解身体各压迫点的压力。随着技术的革新，记忆海绵已在全世界普遍使用，翻开了家庭床上用品的新篇章。除此之外，烟雾检测器、食品干燥剂、家电节能系统、抵御有害射线的太阳镜等发明之初均是为了解决航天员太空生活不便的问题。我们最熟悉的"尿不湿",发明之初也是为了应对航天员在太空飞行时的如厕问题。这些或直接或间接由航天技术转化而来的成果已经全方位地改变了人类的日常生活。

除了航天技术转化,航天活动本身也孕育了巨大的经济社会效益。仅一个卫星通信技术,就为人类提供了卫星电话、数据传输、电视转播、移动通信、应急救援、远程医疗等上百种服务。而卫星导航系统更已成为人类不可或缺的助手,在提供时间与空间基准、智能化手段以及所有与位置相关的实时动态信息等方面发挥了关键作用。目前,全球主要有六大卫星导航系统,包括四个全球性卫星导航系统:美国的全球定位系统(Global Positioning System,GPS)、俄罗斯的格洛纳斯卫星导航系统(Global Navigation Satellite System,GLONASS)、欧盟的伽利略卫星导航系统(Galileo Navigation Satellite System,Galileo)和中国的北斗卫星导航系统(BeiDou Navigation Satellite System,BDS);以及两个区域性卫星导航系统:日本的准天顶卫星系统(QZSS)、印度区域导航卫星系统(IRNSS)。其中:GPS是世界上第一个建立并用于导航定位的全球系统;GLONASS是苏联在1976年颁布法令开始建设的,到1996年才达到额定工作的24颗卫星,正式宣布完全投入服务;Galileo是欧盟主导的民用全球导航定位系统,但在进度上稍显落后;北斗是全球第一个实现三频发播的卫星导航系统。2020年7月31日，习近平总书记向世界宣布北斗三号全球卫星导航系统正式建成开通，北斗迈入服务全球、造福人类的新时代；日本和印度只提供本国及周边区域的服务。

随着全球卫星导航技术的快速发展，其提供的导航、定位、授时以及通信等功能得到广泛应用，全球卫星导航产业市场规模也呈现迅猛增长的局面。根据欧洲全球导航卫星系统局发布的2019年全球卫星导航市场报告，预计到2029年全球卫星导航市场总产值约为3244亿欧元，将比2019年的1507亿欧元翻一番。

寂静的太空不仅"群星"闪耀，更迎来了"上天"热潮。从

航天领域的发展态势看，商业航天正逐渐成为世界航天产业的主导力量。在全球范围内，社会资本和普通大众对航天关注度不断提高，这些促使商业航天整体向低成本、多样化、规模化方向发展。根据美国航天基金会发布的《2021 年航天报告》数据显示，2020 年，全球航天产业收入已达 4000 多亿美元，其中商业航天占比高达 80%，成为推进全球航天产业经济发展的重要动力，全球政府在航天的总投入仅为 903.3 亿美元。正是得益于商业航天收入的加速提升，2020 年全球航天经济规模增长了 4.4%。

此轮商业航天的起飞肇始于 2003 年 2 月 1 日发生的美国"哥伦比亚"号航天飞机解体事件。这一惨剧的发生迫使白宫对美国国家航空航天局（NASA）开启破釜沉舟般的改革，加速了美国的太空商业化进程。不久之后，NASA 决心专注于深空探索，而将近地轨道业务转交给商业公司去开拓。由于此前 NASA 依靠航天飞机往返太空，所以在 2011 年"亚特兰蒂斯"号航天飞机完成最后一次飞行任务退役以后，NASA 一时还没有新式的载人飞船可以完成载人航天任务。很长一段时间，NASA 宇航员都需要购买俄罗斯"联盟"号飞船的座位往返地面与国际空间站。

美国政府的这次改革，使得 NASA 失去了垄断地位，也让美国的载人航天业务经历了长达 10 年的"阵痛期"。一众私人航天公司在此过程中与美国政府一拍即合，逐渐在美国商业航天大潮中崭露头角。其中，由"技术狂人"埃隆·马斯克成立于

2002 年的太空探索技术公司（SpaceX），仅用十几年时间就成长为一个商业航天传奇，并在 2020 年 5 月 30 日成功发射载人"龙飞船"，将两名宇航员成功送往国际空间站，打破了美国对俄罗斯"联盟"号飞船长达近 10 年的依赖。此次发射还"顺势"诞生了人类历史上第 9 款载人入轨航天器，前 8 款分别是苏联"东方"号宇宙飞船、美国"水星"号飞船、苏联"上升"号飞船、美国"双子座"号飞船、苏联"联盟"号飞船、美国"阿波罗"号飞船、美国航天飞机以及中国神舟飞船。如今的 SpaceX 已毫无争议地成为所有商业航天企业的标杆，几乎凭一己之力重塑了商业航天新格局。

值得一提的是，这些商业航天公司大都有超级富豪的身影。例如，SpaceX 创始人、"钢铁侠"埃隆·马斯克在 2021 年初首登全球首富宝座；亚马逊创始人杰夫·贝索斯，也是全球首富宝座的长期把持者，每年都投入巨资为麾下的蓝色起源公司持续"输血"；亿万富翁理查德·布兰森也持续向自家公司维珍银河投入巨额资金；微软的联合创始人保罗·艾伦正致力于建造世界上翼展最大的双体飞机"平流层发射"（Stratolaunch），用于携带火箭进行发射等。

到了 2021 年，近地轨道空间继续成为超级富豪争相"秀肌肉"的舞台。马斯克的 SpaceX、贝索斯的蓝色起源公司以及布兰森的维珍银河公司上演了一出太空旅行的"三国杀"，开启"商业太空旅游元年"。7月11日，维珍银河公司创始人理查德·布兰森赶在杰夫·贝索斯之前，搭乘该公司的"团结"号飞船，完成了首次近地轨道太空旅行，成为首位进入太空边缘的商业航天创始人。目前，包括布拉德·皮特、莱昂纳多·迪卡普里奥、汤姆·汉克斯等名人都预订了"座位票"，平均每张票价在25万美元左右，维珍银河计划将在2022年开启全面的商业太空旅行服务。7月20日，杰夫·贝索斯的蓝色起源公司也完成了其首次载人航天飞行，贝索斯与另外三位成员一同搭乘"新谢泼德"号完成了一次太空之旅，标志着该公司进入了亚轨道旅游领域，其首飞席位拍得2800万美元的高价。9月15日，SpaceX用"猎鹰9号"火箭把载有四名普通乘客的"龙飞船"发射到575千米的太空轨道。四名乘客包括一名亿万富翁科技企业家、一名地球科学家、一名医生助理以及一名数据工程师，成为历史上首个全平民宇航员乘组。维珍银河与蓝色起源公司提供的太空游服务只是十几分钟的"亚轨道掠过飞行"，SpaceX则将平民乘客送入太空轨道，更贴近大多数人对航天的想象。不过这也意味着花费不菲，据称SpaceX的全平民乘组由亿万富翁艾萨克曼出资，4个座位价格总计2.2亿美元。

从目前看，太空旅行依然是富豪们的"专属休闲"。但随着技术迭代以及成本下降，未来太空旅行的门票价格很可能大幅降低。理查德·布兰森表示，未来太空旅行舱位的价格有望降至

2万—5万美元，太空旅游市场足以容纳20家太空公司。届时，未来普通富人甚至中产阶级也有机会体验太空旅行，市场空间也将随之打开。瑞银2021年5月预估，到2030年，每年太空旅行的市场规模可能会达到30亿美元，长期来看，太空旅行市场价值可能超过200亿美元。虽"寄蜉蝣于天地，渺沧海之一粟"，人类孜孜以求地在探索无尽星空。浪漫而昂贵的商业载人航天已"让一部分人先飞"，我们已然可以期待太空旅行终将惠及更多心怀遨游太空梦想的普通人。

日益拥挤的轨道

人造地球卫星、载人飞船、空间探测器等航天器都需要由运载火箭发射升空。但运载火箭并非"一发了之"，而是需要将各种航天器送到目标轨道，由其沿着各自轨道飞行。人造卫星的轨道多种多样，按形状可分为圆轨道和椭圆轨道；按离地面的高度，分高轨道、中轨道和低轨道。此外，还有赤道轨道、极地轨道、地球同步轨道、地球静止轨道和太阳同步轨道等有特定意义的轨道。人们一直认为太空很大，但太空的可用部分，也就是重要的近地轨道部分并不是很大，并且由于人类活动的频繁，导致近地轨道日益拥挤。根据美国忧思科学家联盟（union of concerned scientists)"在轨卫星统计数据库"显示，截至 2021 年 9 月 1 日，全球在轨正常运行卫星数量为 4550 颗，较 2020 年底记录数据 3371 颗，增加了 1100 多颗。其中美国是第一大国，拥有 2788 颗在轨卫星；俄罗斯 167 颗，较鼎盛时期的苏联相去甚远；中国 431 颗，但增长潜力巨大。以轨道分类，近地球轨道卫星数量为 3790 颗，中地球轨道卫星数量为 139 颗，高椭圆轨道 56 颗，地球同步轨道卫星数量为 565 颗。美国卫星产业协会（SIA）发布的卫星产业年度报告显示，从 2010 年至 2020 年，在轨运行卫星数量从 958 颗激增至 3371 颗，增幅达到 252%。公共政策智库"地球之外"研究所联合创始人兼主任史蒂夫·沃尔夫预计，到 2030 年，在轨运行的卫星可能多达 10 万颗。

1957 年苏联第一颗人造卫星发射后，世界全年航天发射次数快速增加，到 1964 年首次上百。从 1964 年到 1990 年，世界全年航天发射次数一直保持在百次以上。受苏联解体影响，从 1991 年到 2017 年，全球航天发射次数又长期徘徊在百次以下。2021 年全球共进行了 145 次航天发射，比 2020 年的 114 次又有大幅提高。这不仅是世界全年航天发射次数连续第 4 年破百，更打破了 1967 年创下的 139 次的史上最高发射次数纪录。不断攀升的发射次数、呈指数级增长的卫星数量以及全球范围内掀起的太空热都使我们的轨道愈发拥挤。

其中，太空垃圾问题已到了刻不容缓的地步。太空垃圾，也称空间碎片或轨道碎片，是一些零零碎碎的、围绕地球轨道的无用人造物体，小到人造卫星碎片、漆片、粉尘，大到一整片飞船的残骸等。空间碎片的数量与卫星所在轨道密切相关，近地轨道、中地轨道以及地球同步轨道都是空间碎片的密集运行区域。目前空间碎片主要有三个来源：一是来自已经退役的包括人造地球卫星在内的航天器，以及航天器之间、自然天体与航天器之间碰撞产生的碎块等；二是来自运载火箭的末级；三是来自航天员在航天活动时产生并被扔到太空中的垃圾以及在太空行走时不慎遗落在太空的物品。1957 年 10 月 4 日，苏联发射的"斯普特尼克 1 号"卫星直径约 58.5 厘米，把它发射到太空的那枚火箭上脱落的碎片，被认为是"第一块"太空垃圾。到 1961 年 4 月 12 日，苏联宇航员尤里·加加林成为进入太空第一人时，太空中已有大约 200 块太空垃圾。1969 年 7 月 21 日，当巴斯·奥尔德林和尼尔·阿姆斯特朗离开月球表面时，留下了超过 100 件遗弃物：包括人体排泄物密封容器、太空服上的生命维持装置背包、宇航员专用呕吐袋、一台哈苏相机、一双备用太空行走鞋、一台地震探测仪和一架激光测距反射镜。2009 年 2 月 10 日，美国"铱星 33"号与俄罗斯已报废的"宇宙 2251"号卫星在西伯利亚上空发生相撞，这是人类历史上首次近地轨道人造卫星相撞事故，事后据监控判断产生了约 2000 块空间碎片。

据欧洲航天局（European Space Agency，ESA）统计，截至

2022 年 1 月 5 日，人类发射火箭次数为 6170 次（不包括失败发射次数），进入到地球轨道的卫星数量约为 12480 颗，目前仍在太空轨道中的数量约为 7840 颗，正在运行的卫星数量约为 4900 颗，空间监测网络追踪的碎片物体数量为 30630 个左右，产生碎片爆炸、分裂、碰撞的异常事件超过 640 次，轨道上所有物体总质量超过 9800 吨，其中物体碎片直径大于 10 厘米的大碎片数量为 36500 个，1—10 厘米的小碎片数量为 100 万个，1 毫米到 1 厘米的微小碎片数量为 3.3 亿个。

从某种程度上讲，我们头顶上这片星空也是巨大无比的"垃圾场"，各类航天器不得不在这些太空垃圾中"闪转腾挪"。1978

年，NASA 科学家唐纳德·凯斯勒曾提出一种假设，当近地轨道物体密度足够高时，物体间碰撞会产生碎片，碎片又会与其他物体碰撞，产生更多碎片。一系列连锁反应最终会导致卫星轨道资源被碎片包围，造成永久性破坏，以致无法开展太空活动。这被称为"凯斯勒效应"或"凯斯勒症候群"。虽然有关太空碎片将"锁死"地球的推断仍存争议，但有专家认为，目前在低地球轨道上的太空垃圾数量密度即将或已经达到相互碰撞的临界点，有可能形成多米诺骨牌的恶劣局面。

碎片的危险程度并不与碎片尺寸成正比，无论大小，危害都不容小觑。在科幻电影《地心引力》中，因俄罗斯击碎一颗俄方废弃卫星，导致大量空间碎片产生，进而击毁美国的航天飞机以及正在维修的哈勃望远镜。而在现实中，这惊险一幕就差一点发生。2021 年 11 月 15 日，俄罗斯成功开展一次反卫星导弹试验，摧毁已报废的苏联时期的"宇宙 1408"号电子侦察卫星。NASA局长比尔·纳尔逊次日表示，为躲避俄罗斯测试反卫星导弹造成的空间碎片，国际空间站值守班组被迫采取了应急措施，进入"安全庇护"状态，一些工作舱段已经与飞船舱段隔离开，空间站上的 7 名宇航员只能在包括"联盟 MS—19"、载人"龙飞船"在内的舱段内活动，以便在紧急情况下乘坐这些"救生艇"逃离太空，回到地球。美国太空军监测称，俄罗斯此次反卫星试验产生了超过 1500 块的可跟踪碎片，此外还可能产生了几十万块极微小的碎片。这些碎片云将广泛地分散在轨道上，随着时间的推移，碎片云会扩张并沿轨道漂移，甚至下坠，严重危害近地轨道的空间环境安全。

空间碎片通常都以第一宇宙速度（7.9 千米 / 秒）运行，如果撞击到航天器表面，轻者会留下凹坑，重者会穿透航天器造成部分系统功能失效，甚至产生灾难性的后果。极小的太空垃圾由于数量多，也可严重改变航天器的表面性能；稍大的太空垃圾会损坏航天器表面材料，造成撞击坑，损伤表面器件；大的太空垃圾与航天器碰撞时，可使航天器的姿态改变，甚至改变航天器的轨道；高速撞击的太空垃圾会使自身及被撞击的航天器表面材料气化为等离子体云，使航天器失效；当太空垃圾的能量足够大时，将穿透航天器表面，破坏置于航天器内部的控制系统或有效载荷，使航天器发生爆炸或打散整个结构。2021 年 5 月，在对国际空间站机械臂的一次常规检查中，科学家发现机械臂上有一个被微小碎片撞击的小孔，但好在这次撞击并不致命，没有影响机械臂运行。

如果说空间碎片是太空中的"马路杀手"，那么无序的交通管理则可能刺激一些航天器"危险驾驶"。不同于地球道路上有交通规则，有"红绿灯"和"斑马线"，还有交通警察时刻守卫行人和车辆的出行安全，太空中并没有统一的"太空交通法规"，各个航天器全凭自身的技术和能力，甚至运气保证自身安全。美国太空军司令约翰·雷蒙德就将太空形容为"狂野的西部"。而在这"狂野的西部"中，以SpaceX的"星链"计划为代表的各类巨型低轨卫星星座项目如同一匹脱缰的野马，影响着现有的空间秩序。

"星链"旨在建设卫星通信网络，这并非新鲜事。20世纪80年代末，摩托罗拉启动"铱星"计划，设想组建由77颗近地通信卫星组成的星群，解决基站覆盖难题，使得地球上任何一个角落都能享受无线通信。由66颗低轨卫星组成的铱星系统于1998年11月1日正式投入使用。然而上线仅15个月后，历时12年、耗资50亿美元的铱星公司却因用户不足、入不敷出宣布破产，商业服务也随之终止。而在2015年，SpaceX创始人马斯克同样抱有"为世界上的每一个人提供高速互联网服务"的雄心，宣布推出"星链"计划。2018年2月22日，SpaceX在美国加州范登堡空军基地成功发射一枚"猎鹰9号"火箭，并将两颗小型实验通信卫星送入轨道，"星链"计划由此开启。SpaceX原计划在2025年之前向三个绕地轨道上铺设共计1.2万颗"星链"卫星，2019年，公司又提交了新一批卫星的频率申请，将数量定为4.2万颗。从2019年首批60颗"星链"卫星送入轨道，截至2022年1月，累计发射1933颗"星链"卫星，占到美国在轨卫星数量的半壁江山。面对卫星互联网市场的诱惑，全球多个国家都提出了低轨通信卫星星座计划。一网（One Web）公司计划发射 1980 颗卫星，波音公司计划发射 2956 颗卫星，加拿大电信卫星公司（Telesat）计划发射 117 颗卫星，韩国三星公司计划发射 4600 颗卫星，俄罗斯 Yaliny 公司计划发射 135 颗卫星，印度 Astrome Technologies 公司计划发射 600 颗卫星。

"星链"卫星不计后果的部署逐渐显现越来越多的副作用。2021 年 8 月，英国南安普顿大学宇航研究小组负责人休·刘易斯的一项研究成果表明，SpaceX 的"星链"卫星每个星期涉及大约 1600 起航天器接近事件。除去"星链"卫星彼此间的接近，这 1600 次中有 500 次都是"星链"和其他航天器的接近，甚至包括两者在小于 1 千米的距离之间飞过的情况。"星链"卫星号称配备有自动避碰系统，可以跟踪在轨碎片和航天器并自动回避，但该系统已经多次失效。

2019 年，为测试"卫星自动脱离轨道的技术"，SpaceX 让"星链—44"卫星下降到 320 千米高度，险些与欧航局的"风神"气象卫星相撞，欧航局不得不紧急调整"风神"轨道以避撞。2021 年 12 月初，联合国和平利用外层空间委员会官方网站发布文件显示，中国常驻联合国（维也纳）代表团向联合国秘书长提交普通照会表示，SpaceX 发射的"星链"卫星，先后两次接近中国空间站，对中国空间站搭载的航天员生命安全构成危险。出于安全考虑，空间站组合体针对相关美国卫星实施了两次紧急避碰。根据中方通报，"星链—1095"卫星原本运行在平均高度约 555 千米的轨道上。7 月 1 日，该卫星与中国空间站出现近距离接近事件。出于安全考虑，中国空间站当晚主动采取"紧急避碰"，规避了两目标碰撞风险。第二次"危险接近中国空间站"发生在 10 月 21 日，"星链—2305"卫星与中国空间站发生近距离接近事件。中方鉴于该卫星处于连续轨道机动状态，机动策略未知且无法评估轨道误差，存在与空间站碰撞风险。为确保在轨航天员安全，中国空间站于当日再次实施"紧急避碰"，规避了两目标碰撞风险。

实际上，NASA 对"星链"造成的威胁一清二楚。2021 年 3 月，NASA 与 SpaceX 签署一项联合太空飞行安全协议。双方约定，SpaceX 应操作靠近国际空间站或 NASA 所属航天器的"星链"卫星实施机动规避，而对方不需机动。不过，NASA 在协议中并未提及"星链"卫星在靠近其他国家航天器时应尽的责任和义务，而 SpaceX 既没有公布必要的信息，也没有与其他国家的航天机构沟通。面对"星链"卫星挤占太空空间的指责，马斯克坚称，地球低轨道上可以容纳几百亿颗卫星，目前的几千颗卫星根本不算什么，就好像目前地球上出现了几千辆汽车，没有什么值得担心的。马斯克的回应并不能够令人信服，数量如此庞大的"星链"卫星占据低空轨道，与其他航天器"撞车"的风险自然不容忽视。

2021 年 9 月 15 日，中共中央总书记、国家主席、中央军委主席习近平到驻陕西部队某基地视察调研时指出，要加强太空交通管理，确保太空系统稳定有序运行。联合国《外层空间条约》规定："各缔约国对其（不论是政府部门，还是非政府的团体组织）在外层空间（包括月球和其他天体）所从事的活动，要承担国际责任。"太空是人类共同的家园，太空垃圾泛滥以及对近地轨道资源的掠夺性抢占威胁人类长期可持续的太空活动，给各国的太空任务带来不可忽视的潜在危害，开展太空交通管理迫在眉睫。

太空"圈地运动"

15 世纪新航路开辟以来，贵族侵占平民土地的圈地运动在英国盛行起来，随着 18 世纪《公有地围圈法》出台，历时 300 多年的圈地运动被推向了时代的风口浪尖。新兴的资产阶级和新贵族通过暴力把农民从土地上赶走，强占农民分地及公有地，剥夺农民的土地使用权和所有权，限制或取消原有的共同耕地权和畜牧权，把强占的土地圈占起来，变成私有的大牧场、大农场。这就是英国历史上的圈地运动。人们一直视宇宙空间为全人类共有的财产。1967 年生效的联合国《外层空间条约》（下称《条约》）第一条和第二条规定："探索及使用外空，包括月球与其他天体，应为所有各国之福利及利益进行之，不论其经济或科学发展之程度如何，并应为全人类的开发范围。外空，包括月球与其他天体，不得由国家以主张主权或以使用或占领的方法，或以任何其他方法，据为己有。"但 1967 年签署《条约》时的各国代表怎么都不会想到，航天技术的进步是如此之快，各国对占有未开发"处女地"的贪婪和自私是如此之强。个别国家和企业用行动深刻演绎了什么叫"太空是你的，也是我的，但归根结底是强者的"现实逻辑，冰冷而缺乏约束力的法律条文似乎难以阻挡太空"被瓜分"的命运，以"星链"为代表的巨型低轨互联网星座，正在掀起一场大规模的太空"圈地运动"。

各国对卫星频率和轨位资源的争夺愈发激烈。卫星频轨是指卫星使用的频率和所处的空间轨道位置，是随着卫星技术的发明而开始被人类开发利用的自然资源，是所有卫星系统建立的前提和基础，也是卫星系统建成后能否正常工作的必要条件。也就是说，没有频率和轨道资源支持，卫星只能在太空中"四处流浪"。新发射的卫星必须规避已有卫星的通信频率和飞行轨道，否则就会产生通信上的相互干扰，甚至卫星相撞的严重事故。频率和轨道资源是一种有限的不可再生资源，卫星轨道是全人类共有的国际资源。因此，频率和轨道资源的获取不是一个国家能主宰的，各国都必须依据国际电信联盟（ITU）制定的规则进行开发利用，频率和轨道的使用必须进行国际协调。

现行卫星频轨资源分配国际机制主要以 ITU《国际电信联盟组织法》规定的"合理、有效、经济、公平"为基本原则，ITU制定了一系列专门法律文件作为具体实施细则。相关公约和法律文件主要包括《国际电信联盟组织法》《国际电信联盟公约》《无线电规则》，以及世界无线电通信大会决议、建议和 ITU 下属的无线电通信部门（ITU—R）建议书等。根据《无线电规则》，卫星频轨资源分配主要采取两种方法：协调法和规划法。规划法是通过规划分配的方式，将频轨资源平等地划分给若干国家；协调法则主要是采用"先占先得"的分配方式，以申报和协调手段为主，根据登记顺序确定非规划频段的卫星频轨资源的占有权。在这种方式下，各国首先根据自身需要，依据国际规则向国际电联申报所需要的卫星频轨资源，先申报的国家具有优先使用权；然后，按照申报顺序确立的优先地位次序，相关国家之间要遵照国际规则开展国际频率干扰谈判，后申报国家应采取措施，保障不对先申报国家的卫星产生有害干扰。国际电联还规定，卫星频率和轨道资源在申报后的 7 年内，必须发射卫星启用所申报的资源，否则所申报的资源自动失效。

"先占先得"在全球四大导航卫星系统上体现得淋漓尽致。美国、俄罗斯从 20 世纪五六十年代就已向国际电联申报并依照国际程序获取了大量的频轨资源，以支撑其数量庞大的卫星系统，这也导致目前很多好用的频段和轨道位置都已被其占用。美国 GPS 系统和俄罗斯的格洛纳斯卫星导航系统已占用了 80% 的"黄金导航频段"，迫使其他国家只能抢占为数不多的剩余频段。中国的北斗系统和欧盟的伽利略系统就只能紧盯美国和俄罗斯之后的"次优"频率，依照"先占先得"的原则，竞争这一频率。事实上，中国曾经是欧盟伽利略导航系统的参与方和投资方。在北斗建立之初，中国的卫星导航技术明显落后于欧美。但欧洲为了不过度依赖美国的 GPS，便向中国抛出了"橄榄枝"，共同开发伽利略卫星导航系统。2004 年，中欧双方签署合作协议，中国将拿出 2 亿多欧元"入会费"参与总价值 34 亿欧元的伽利略项目，成为该项目最重要的欧盟外部合作伙伴。但中欧双方在伽利略导航系统上的合作，引起了美国方面的安全忧虑，欧洲因此在政治上遭到了施压。后来这个合作项目就演变成了"中国人只被要求出钱出力，却拿不到核心技术"，导致双方合作破裂。中国在 2006 年 12 月决定另起炉灶，开发独立的北斗导航系统。

"先占先得"和"逾期作废"的原则显然是美欧等航天强国为自己的利益而设计，其貌似公平，背后体现的却是对频轨资源的变相垄断。但人算不如天算，伽利略系统的命运充分展示了什么叫"起大早，赶晚集"。北斗和伽利略导航系统的频率部分重合，2005 年伽利略计划的第一颗卫星顺利入轨，但因遇到经济危机并没有开通频谱，就在轨道上空转，北斗则在 2007 年申报频率资源的最后期限前成功发射并开通频谱。由此，中国的北斗

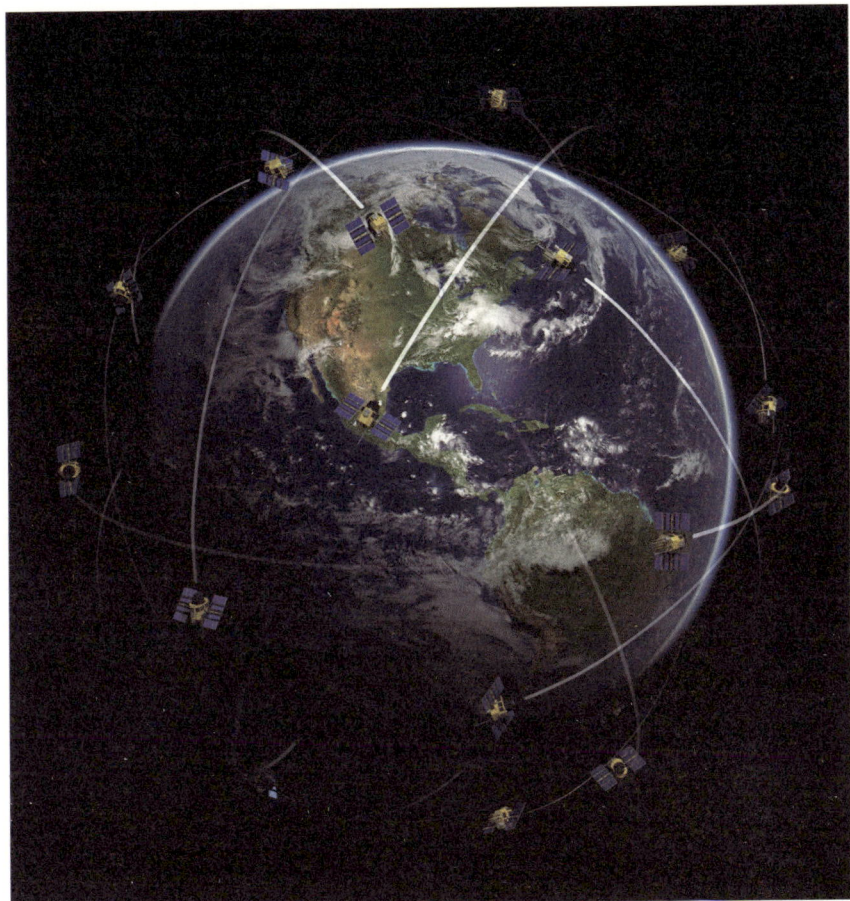

二号导航系统把轨道和频率都占上了，由于频率覆盖问题，除非中国事先同意，否则"伽利略"常规公共服务信号便无法用于军事目的。从 2008 年到 2016 年，中欧方面对北斗与伽利略卫星导航系统频率使用进行了多次磋商会谈。最后欧盟代表团接受了中国卫星导航定位应用管理中心提出的频率共用理念，同意在国际电联框架下完成卫星导航频率协调。此举标志着中欧卫星导航系统结束了长达 8 年之久的频率协调工作，双方将携手合作走向共同发展。

北斗系统与伽利略系统之间的"爱恨情仇"已成过往，而各国围绕频轨资源的争夺却达到前所未有的激烈程度。受多重因素影响，卫星通信必须采用微波频段以上频率的信号，才能实现星地通信。C 频段（4GHz—8GHz）、Ku 频段（12GHz—18GHz）和 Ka 频段（26.5GHz—40GHz）是目前卫星通信系统中使用最广泛的频段，但前两者带宽有限且利用较早，目前频谱的使用已趋于饱和，而 Ka 频段主要用于高通量卫星。因此，Q/V 频段将是未来卫星通信领域争夺的重点。欧洲航天局局长阿施巴赫就指责"星链"计划占据太多卫星通信频轨空间，使得欧洲科企受到更多限制，无法与其展开公平竞争。在这轮围绕太空频轨资源"挤兑式"申报的背后，隐藏的是世界各国都陆续感觉到的一个技术趋势——在人类目前的技术条件下，类似"星链"这种巨型低轨通信星座，很可能是一项具有排他性和极大先发优势的技术，于是加速布局，开启一轮围绕低轨通信星座展开的新"太空竞赛"。有限的卫星频轨资源与几乎无限的增长需求成为人类不得不解决的现实难题。

除卫星频轨资源外，一些国家还在摩拳擦掌，准备在太空资源开发上"跑马圈地"。2015 年，美国出台《商业航天发射竞争力法》，从法律上保障美国公民从事商业探索与开采外空资源活动的权利，并明确认定"谁开采谁获得所有权"。2020年4月2日，NASA发布《月球持续探索与开发规划》，提出建立月球基地并将开发利用月球资源。仅隔两天，时任美国总统特朗普就签署了关于《鼓励国际支持开采和利用外空资源》第13914号行政令，明确提出美国不将外层空间视为全球公域，也不承认《月球协定》，美国公民有权根据美国国内适用的法律对外空进行商业探索、开采和利用，呼吁开展相关国际合作，为NASA月球规划的实施扫清政策和法律上的障碍。当年10月，NASA与澳大利亚、加拿大、日本、卢森堡、意大利、阿拉伯联合酋长国和英国正式签署《阿尔忒弥斯协定》，计划2024年实现载人登月、2030年建成一个月球基地。截至2021年10月27日，波兰正式成为该协定的第13个缔约国。在《阿尔忒弥斯协定》中，设立"安全区"与确认外空资源利用是最具争议的条款。所谓"安全区"概念实质是确保美国及其盟友在月球享有特定资源的排他性权利，绕开《外层空间条约》中禁止主权国家对月球和外层空间主权声索的规定。俄罗斯航天局局长德米特里·罗戈津批评称，"无论是月球还是伊拉克，入侵的本质是一样的"。

美国之外，卢森堡于2017年通过《外空资源探索与利用法》，成为欧洲第一个制定外空资源商业开采立法的国家。法案提出"外空资源可以据为己有"的主张。除《月球协定》明确规定月球资源属于全人类共有外，目前尚无关于太空资源开发的相关国际法。虽然联合国外空委也在推动相关国际法的制定，但由于各方意见不一导致这一进程进展缓慢。

1968年，美国生态学家加勒特·哈丁在《科学》杂志上提出"公地悲剧"的概念。中世纪英格兰封建领主在自己的领地中划出一片牧场，即"公地"，作为福利无偿向牧民开放使用，但却由此导致了公地毁损悲剧，即"公地悲剧"。原因很简单，牧羊人增加放养的羊能给他个人带来利益，尽管他知道这种利益可能会导致草地质量的退化，但是他并不会有所顾忌，因为这种负担转嫁到了所有牧羊人身上。这样，他不断地增加羊来谋求自身利益的最大化。公地上的其他牧民也竞相效仿，最终导致草场资源耗尽。当前，我们也正面临着"太空公地悲剧"的风险。太空这个"草场"、各国政府这个"牧羊人"以及各式航天器这个"羊群"三者之间的矛盾越来越大，"草场"退化和无序"放牧"问题亟待人类用自己的智慧努力解决。

习近平主席指出："要秉持和平、主权、普惠、共治原则，把深海、极地、外空、互联网等领域打造成为各方合作的新疆域，而不是相互博弈的竞技场。"太空已不可避免地走向地球"先污染、后治理"的老路，但能否营造绿色、和平、安全、有序的太空，仍要看各国能否摒弃一己私利，加强自我约束，开创太空国际治理新局面。

参 考 文 献

1　《航天员，由钱学森提出"航天"一词衍生而来》，http://digitalpaper.stdaily.com/http_www.kjrb.com/kjwzb/html/2021-07/09/content_471600.htm?div=0。

2　《2021中国卫星导航与位置服务产业发展白皮书》，中国卫星导航定位协会，2021年5月18日。

3　Union of Concerned Scientists, UCS Satellite Database, September 1, 2021, https://www.ucsusa.org/resources/satellite-database.

4　European Space Agency, Space debris by the numbers, January 10, 2022, https://www.esa.int/Safety_Security/Space_Debris/Space_debris_by_the_numbers.

5　《太空相遇，美国政府和企业均应遵守〈外空条约〉》，新华网，http://www.news.cn/world/2021-12/31/c_1128219037.htm。

6　《聚焦备战打仗加快创新发展全面提升履行使命任务能力》，《人民日报》2021年9月17日。

7　《关于各国探测及使用外空包括月球与其他天体之活动所应遵守原则之条约》，联合国网站，https://www.un.org/zh/documents/treaty/files/A-RES-2222(XXI).shtml。

8　杨宽、侯佳美：《卫星频率和轨位资源分配机制的新发展及其完善》，《中国航天》2021年第11期。

6

第六章

人工智能与
国家安全

　　人工智能是新一轮科技革命和产业变革的重要驱动力量，加快发展新一代人工智能是事关我国能否抓住新一轮科技革命和产业变革机遇的战略问题。

　　加快发展新一代人工智能是我们赢得全球科技竞争主动权的重要战略抓手，是推动我国科技跨越式发展、产业优化升级、生产力整体跃升的重要战略资源。

　　——2018年10月31日，习近平总书记在十九届中央政治局第九次集体学习时的讲话

千帆竞速抢滩布局

自 1956 年首次提出概念，人工智能技术的发展经历多次起落。近年来，随着大数据、云计算、互联网、物联网等新兴技术的融合发展，人工智能又迎来了蓬勃发展期，并成为举世公认的前沿技术代表"名片"之一。在新一轮科技革命和产业变革加速演进的浪潮下，图像分类、语音识别、问答系统、人机交互、无人驾驶等人工智能技术已为交通、金融、医疗、教育、制造业、能源、媒体、家居、零售等行业发展带来深刻变革。据普华永道会计师事务所预测，到 2030 年人工智能将为全球经济产出增加约 15.7 万亿美元。而世界各国也充分认识到，人工智能正成为推动传统产业升级换代的决定性力量和全球经济发展的新引擎，纷纷把发展人工智能作为提升国家竞争力、维护国家安全的重要抓手。

美国自奥巴马政府时期接连发布《为人工智能的未来做好准备》《国家人工智能研究发展与战略计划》《人工智能、自动化与经济报告》三份重磅战略文件。特朗普政府在新版《国家安全战略》中提出要维持美国在人工智能领域的全球领导地位，出台

《AIM 倡议：机器增强情报战略》《美国人工智能倡议》《未来 20 年美国人工智能研究路线图》《国家人工智能研究发展战略计划》《关键与新兴技术国家战略》《人工智能与国家安全》六份战略文件，细化人工智能情报应用、研发重点，并成立人工智能国家安全委员会，立足美国国家安全与国防需求向总统与国会提供建议，推动人工智能、机器学习等技术发展。拜登政府逐步完善人工智能战略布局，白宫设立国家人工智能倡议办公室，成立国家人工智能研究资源工作组，人工智能国家安全委员会发布最终建议报告。美国智库新美国安全中心建议美国"要像当年太空竞赛一样夺取人工智能的领导地位"。

俄罗斯高度重视人工智能对国家利益与军事发展的影响。2015 年 12 月 16 日，俄罗斯总统普京签署"成立国家机器人发展中心"总统令，将发展军用、特种和军民两用机器人系统作为俄科技优先发展方向。随后，成立"先进研究项目委员会"及国家机器人技术和基础要素发展中心。2017 年 9 月 1 日，普京强调"人工智能技术不仅仅是俄罗斯的未来，也是全世界的未来"，并预言："谁能成为人工智能领域的领导者，谁将主宰世界"。2019 年 10 月，普京签署命令批准《2030 年前俄罗斯国家人工智能发展战略》，旨在使"俄罗斯在全球人工智能领域占据领先地位"和"获得技术独立和竞争力"，此举标志着俄罗斯人工智能战略的正式出台。俄罗斯长期致力于开发和部署军事机器人平台，近年来在无人武器装备和机器人领域取得了显著进展，部分成果已投入实战运用，当前正大力推进 2025 年前成立多用途机器人分队。

法国是欧洲最早发展人工智能的国家之一。自 2010 年起已开始试点扶持相关创新企业。2018 年 3 月发布《国家人工智能战略》第一阶段发展计划，明确人工智能在医疗、环境、交通和国防等领域的应用，2019 年正式设立 4 所人工智能跨学科研究院。2021 年 11 月，法国发布《国家人工智能战略》第二阶段发展计划，旨在提高法国人工智能竞争力，使法国成为嵌入式人工智能和可信人工智能领域的领导者，加快人工智能在经济领域的应用。该计划 5 年总预算为 22 亿欧元。据初创企业组织平台"数字法国"统计，目前法国有超过 500 家人工智能初创企业，比 2020 年增加 11%。这些企业筹集了 16 亿欧元，直接创造了 1.3 万个工作岗位，2021 年或再创造 1 万个工作岗位。

英国于 2021 年 9 月 22 日发布的首个《国家人工智能战略》提出，人工智能是世界上发展最快的深度技术，具有改写整个行业规则、推动经济大幅增长和改变生活各个领域的巨大潜力。英国将启动国家人工智能研究与创新计划、人工智能联合办公室和英国研究与创新计划等，力争发展成人工智能领域的全球超级大国，并在未来十年成为真正的研究和创新强国、全球人才聚集地。

以色列号称创新之国，凭借其自身在软硬件工程人才、军事科技和装备发展、创新能力等方面的优势，已成为引领人工智能技术发展的国家之一。虽未正式发布官方战略，但以色列智库贾菲战略研究中心国家安全研究所 2021 年 10 月发布题为《以色列人工智能与国家安全》报告，系统阐述了人工智能技术与以色列国家安全的密切关系，强调人工智能广泛应用于军事领域将导致军备竞赛。

韩国科学技术信息通信部于 2019 年 12 月 17 日发布了多部门共同制定的《人工智能国家战略》，提出"从科技强国向人工智能强国发展"的愿景，涵盖人工智能基础设施扩建、全球人工智能创业企业培育、全民人工智能教育体系建设、数字政府构建等九大发展战略。

日本政府于 2019 年 6 月出台《人工智能战略 2019》，旨在建成世界上最能培养人工智能人才的国家，并引领人工智能技术研发和产业发展。印度政府于 2018 年 6 月发布《人工智能国家战略》，以"人工智能卓越研究中心"与"国际人工智能转型中心"两级综合战略为基础，加快人工智能在整个产业链中的应用。

然而，人工智能技术给国家、企业与个人带来机遇的同时，也带来了诸多的安全争议，其双刃剑效应愈发凸显。一旦技术被滥用、谬用、误用，轻则有损个人数据的隐私，重则或危及一国乃至全球的政治、经济、军事安全。正如科学家霍金警告：人工智能或许不但是人类历史上最大的事件，还有可能是最后的事件。

被算法裹挟的民意

早在 2012 年，心理测验学领军人物迈克尔·科辛斯基就通过相关实验发现，平均基于 Facebook 上的 68 个"点赞"，就可以预测用户的肤色（准确度达 95%）、性取向（准确度达 88%）以及政治倾向（民主党或共和党，准确度达 85%），可预测的内容还包括智力、宗教信仰，以及对酒精、香烟和毒品的成瘾性使用情况等。经过不断研究和改进后，该预测模型日益完善。科辛斯基表示，基于更多点赞，他对受试者的了解甚至可以超过受试者自己。

换句话说，只需足够多的有效数据，机器便可通过深度学习更加精准地把握人们的行为偏好、价值取向及决策模式。如利用算法和我们日常在社交媒体上发布的状态、点赞等产生的数据，可对个人形成综合判断和行为预测，从而为有针对性地"引导"舆论做准备。在数字化时代，数据就是资源，资源意味着权力。作为社交媒体巨头的 Facebook，其手中的海量数据俨然已经成为"香饽饽"。据美国媒体报道，Facebook 公司曾利用人工智能算法对 2 万人的点赞数据进行分析，针对有关个人政治立场的 9 次预测，成功了 8 次。类似预测看起来很有趣，但其带来的潜在风险不容忽视，尤其是当前算法操纵和舆论操纵的界线日渐模糊。在所谓"民主国家"的"数字竞选活动"中，已经频繁爆出政企勾连，通过人工智能技术和社交媒体庞大的信息流去影响选民立场的丑闻，如臭名昭著的"剑桥分析"事件。

"看透"选民的"操盘手"——剑桥分析公司成立于2013年，是英国伦敦一家专门进行数据分析的公司，其对外宣称主要业务是向政治和企业客户提供消费者研究、定向广告投放和其他数据分析服务，分别在马来西亚、美国纽约、美国华盛顿、英国伦敦和巴西设有办事处。剑桥分析美国的母公司是英国战略交流实验室公司（SCL）。SCL业务范围非常广泛，长期与英国保守党、王室和军方保持着密切的联系。近年来，因频繁爆出介入美国、英国、肯尼亚、马来西亚等众多国家选举的丑闻，剑桥分析公司深陷舆论风波。2018年5月2日，迫于大量指控和英国监管机构调查的压力，该公司宣布关闭所有业务，并在英国和美国启动破产程序。

第一，助力特朗普竞选。据媒体报道，在2016年美国总统大选中，该公司通过窃取5000万Facebook用户资料，锁定特朗普的潜在选民，并不断向他们推送拉票广告。据统计，当时推特上19%的大选推文都是来自"机器人水军"，而特朗普团队的"机器人水军"数量是希拉里团队的五倍。特朗普团队的程序员还通过算法设计，扩大对亲希拉里媒体的影响力。2018年4月16日，英国议会下院数字、文化、媒体和体育委员会公布一份"知情人士"的访谈摘要指出，借助剑桥分析公司的媒体策略，特朗普竞选团队把"错误的种族主义和'伊斯兰恐惧症'言论、愤怒和担忧传播至最有效的地方",从而"动员'摇摆州'受众,利用选民个人信息监控他们,用心理剖绘手段大规模操控选民的情感反应"。此外,曾从事人工智能开发的美国亿万富翁墨瑟(Robert Mercer)是剑桥分析公司大股东之一。他不仅是特朗普的铁杆粉丝,也是美国右翼媒体的大金主。墨瑟投资了"布赖特巴特新闻网",该网站执行主席史蒂夫·班农曾担任剑桥分析公司董事会成员,后来一跃成为白宫首席战略顾问。

第二,染指英国"脱欧"公投。2016年9月,牛津大学研究人员对英国"脱欧"公投前的推文进行分析发现,多达1/3的推文竟然出自占发言账号总数1%的账号,据悉这离不开剑桥分析公司的"汗马功劳"。剑桥分析公司事业发展部门主管布列塔尼·凯撒向英国卫报爆料称,该公司通过多渠道洗钱,利用公司所收集到的数据,为支持"脱欧"的政治团体"Leave.EU"和英国独立党提供"资料研究"服务,并编造虚假民意调查。凯撒指出,该公司瞄准关注线上消息的选民,通过人工智能技术在网络上诱导公众舆论,在潜移默化中深度影响英国"脱欧"公投结果。"Leave.EU"和英国独立党否认这位前高管的指控。但有趣的是,"Leave.EU"的领袖、英国保险行业的大亨亚伦·班克斯曾公开声称雇佣了剑桥分析公司,后在舆论压力下又改口称"并未签订任何合同",欲盖弥彰。

第三，操纵其他国家选举。英国第四频道新闻台曾发布暗访视频透露，剑桥分析公司主管特步恩尔吹嘘该公司及其母公司SCL操作过全球超过200多场选举，其业务已扩展到世界多国。如在欧洲，剑桥分析公司帮助"曾在20世纪80年代获得成功的复兴党"参与2012年意大利的政治竞选活动。剑桥分析公司的母公司SCL甚至在2004年就介入乌克兰"颜色革命"，助推亲西方总统维克多·尤先科掌权。在墨西哥，该公司利用本地一款名为Pig.gi的手机应用程序，介入2018年7月总统大选。在肯尼亚，通过秘密"操盘"和政治宣传，先后在2013年和2017年两次帮助乌胡鲁·肯雅塔获得选举胜利。肯尼亚"国家超级联盟"官员诺曼·马加亚直言该公司"是一个明显想通过宣传手段颠覆人民意愿的犯罪企业"。在亚洲，马来西亚前总理马哈蒂尔之子慕克里兹被指在2013年的选举中借助剑桥分析公司获胜，而慕克里兹的助手、曾担任剑桥分析公司的母公司SCL集团东南亚地区负责人的阿兹林，对此事供认不讳。此外，剑桥分析公司副总裁希曼舒·夏尔马曾宣称，该公司在印度同时为印人党和国大党服务，已"成功运作针对印度人民党的4次竞选活动"。

眼见不一定为实的深度伪造。"深度伪造"也被称作"深度造假"，源自英语中的"deepfake"一词。2017年，美国新闻网站"Reddit"上有一位昵称叫"deepfakes"的用户发布了一段经过数字化篡改的色情视频，视频中演员的脸被替换成了著名电影明星的脸，一时间引发社会广泛关注和热议。随着深度学习和神经网络等信息技术的进步，以"深度伪造"为代表的人工智能造假技术日益成熟，当前可进行人像、视频、声音、文本和微表情的合成。人脸替换、人类声纹模拟等更是达到以假乱真的程度。虽然该技术在图像分析、弥补人类听力缺陷等方面具备潜在应用价值，但该技术大规模地应用在身份伪造、虚假宣传与舆论操纵等犯罪领域，为个人隐私、经济发展、网络监管等领域带来诸多挑战。由于具有门槛低、效率高、隐匿性强等特点，多国已将其看作最危险的人工智能技术之一，并强化立法以限制深度伪造合成技术，打击虚假信息的传播，防范人工智能造假技术可能对公民和国家安全造成的危害。如 2018 年 12 月，美国参议院提出《2018 年恶意伪造禁令法案》；2019 年 6 月，美国众议院提出《深度伪造责任法案》；2019 年 6 月，美国两党议员分别在众议院、参议院同时提出《2019 年深度伪造报告法案》。可见其给国家安全尤其是政治安全带来的挑战和风险不容忽视。

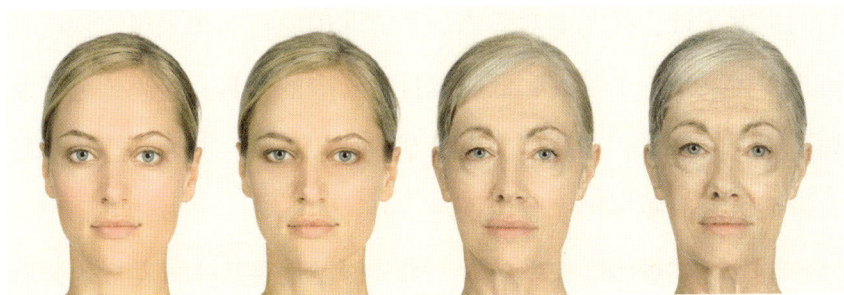

人工智能技术改造人脸

人工智能与国家安全

第一，炮制政治谣言。试想一下，一旦不法分子或敌对势力从网上"搜罗"出各国政治人物的照片和视频，然后利用深度伪造技术合成虚假、负面的图像和视频，借机抹黑、诬蔑、攻击政治人物的生活作风、政治立场等，必将影响其在公众心目中的形象。2017年法国总统大选中，候选人马克龙的竞选团队内部有大量电子邮件"泄露"到Facebook和推特上，其中包括马克龙财务交易状况的负面内容，而这些内容后来被证实都是捏造出来的，"泄露者"意在把马克龙塑造成一个伪君子。各国已采取相关措施进行防范，如美国国会针对深度伪造技术进行调查和相关立法行动。美国共和党参议员卢比奥甚至将"深度伪造"的威力与核武器相提并论。

第二，激化社会矛盾。如果不法分子利用深度伪造技术合成诸如国家军警人员对公民施加残暴行为的假视频，可能会激起民愤，轻则引发集会、示威、游行等行为，重则激起暴力活动，造成社会动荡，威胁国家政治稳定。2018年初美国夏威夷紧急事务管理局的一名员工因失误向公众发出了核弹来袭的公告，短时间内引发了社会骚乱。对恐怖分子等非国家行为体来说，深度伪造技术无疑是一个强大、低成本且易获取的工具。若恐怖分子掌握了相关的技术，很有可能借机制造社会恐慌，并煽动恐怖和暴力极端情绪，破坏国家政治稳定。

第三，挑拨国际关系。近年来，深度伪造技术日益成为国际舆论斗争的最新武器。2017 年 5 月，卡塔尔的官方推特账号遭遇黑客攻击，并散布卡塔尔元首关于伊朗和哈马斯的虚假讲话内容，虽然卡塔尔政府及时进行了澄清，但虚假内容经多家新闻和社交媒体大肆传播，造成了实质不良的影响，激发了海湾邻国的愤怒。美国情报机构发布《2019 年全球威胁评估》认为，深度伪造技术已对美国国家安全构成威胁，敌对势力和战略竞争对手很有可能利用深度伪造技术或机器学习技术，加强针对美国及其盟友和合作伙伴的影响渗透运动。哈佛大学肯尼迪政府学院下属的贝尔弗研究中心发布的《人工智能与国家安全》报告指出，若敌对国家通过网络窃密获取本国的真实机密文件，却有意"泄露"伪造文件，并通过深度伪造技术佐证这些假文件，将极大地提升伪造文件的"可信度"，更容易地对公众舆论进行操纵，进而威胁本国政权稳定，并扰乱国际秩序。

技术"黑箱"与智能鸿沟

金融市场的动荡推手。近年来，算法交易和高频交易日益成为金融机构首选的交易方式，尤其是在美欧市场的占比持续上升，当前已经超过总交易量的一半。从积极的影响来说，算法交易与高频交易为金融机构和交易者带来了诸多潜在的优势，比如降低交易成本，节约交易时间，提高交易效率，增加市场交易的流动性等。但从负面的影响来看，由于算法交易和高频交易的速度远远超过人脑决策的速度，在增加市场流动性，降低交易成本的同时，也在无形中放大了市场的波动，甚至可能引发单个市场的非正常波动，还可能向不同的金融市场甚至是各类金融资产传导，从而引发各国系统性金融风险和全球大范围的价格波动。近年来，全球金融市场频现"闪崩"事件，已充分说明这一点。

2010年5月6日下午2点32分，位于美国堪萨斯州的基金交易公司"沃德尔里德"开始出售75000股标普500的电子迷你期货合约，估价41亿美元。考虑到一次性执行这么大额度的交易可能引发市场动荡，该公司通过"销售算法"将大宗交易拆分成多个小额交易。然而，由于欧债危机爆发，市场处于"异常波动"状态，该交易机构电脑在交易的20分钟内自动执行了75000份卖单，此前完成类似规模交易需花费5个多小时。该机构的高频交易加剧了市场波动最终导致美国道琼斯指数盘中一度暴跌将近1000点，创美国股市有史以来最大单日盘中跌幅，近1万亿美元市值瞬间蒸发。这一事件堪称华尔街历史上波动最剧烈的20分钟。2012年7月31日上午，高频交易巨头美国奈特资本集团还坐拥3.65亿美元的资产，然而这家公司启用了新的自动交易系统，但该系统存在漏洞，算法被设置为高买低卖。随后系统以每秒进行1000多笔交易的速度，仅用45分钟就把奈特

集团推向破产的边缘。2012 年 10 月，印度大盘 NIFTY 指数在 8 秒内暴跌近 16%，导致印度国家证券交易所被迫暂停交易 15 分钟。印媒分析，交易系统算法错误的影响不容忽视。

　　加剧权力和财富垄断的马太效应。《未来简史》的作者赫拉利指出，人工智能的危险在于，它将打破权力内在的平衡。也许在科幻电影里面机器人侵占地球，把人类变成奴隶的场景过于遥远甚至永远不会发生。但人工智能替代、解放部分劳动力是技术和历史发展的必然趋势。麦肯锡全球研究院预测，人工智能正在促进社会发生转变，这种转变比工业革命"发生的速度快 10 倍，规模大 300 倍，影响几乎大 3000 倍"。

加快全球产业结构调整。当前，发展中国家大多依赖人口优势，从事劳动密集型产业，以低成本的人力资源参与全球分工，而发达国家则依靠对高新技术的垄断长期霸占全球产业链的顶端。目前，各国都非常重视人工智能技术的研发及应用，主要发达国家已经纷纷将人工智能技术看作引领未来的战略性前沿技术，甚至把发展人工智能作为提升国家竞争力、维护国家安全的重大战略，发达国家更是不遗余力地斥资投入关键基础技术研发。美欧在高度集成的机器人、人工智能芯片等多项核心技术上占据着绝对优势，若其联手构筑技术垄断壁垒，抢占国际规则制定权，必将加大发达国家与发展中国家之间的"智能鸿沟"。而发展中国家很可能在新一轮技术和工业革命中失去传统优势。

加剧行业垄断。近年来，算法合谋、大数据杀熟等"热词"已经成为各国网络监管部门的重点关注现象。所谓"算法合谋"，通俗点理解就是经营者通过人工智能算法，可以在极短时间内察觉竞争对手的市场动向，并自动、相应地调整价格和销售策略，最终达到排除、限制市场竞争的结果。"算法合谋"不仅侵蚀用户的合法权益，限制用户理性选择的能力，还助长了平台对其所在市场和领域的控制力量，不断放大赢者通吃的效应，严重损害互联网经济业态的健康发展，也给国家带来执法挑战。2015年美国司法部指控亚马逊网站某商家的电子商务主管 David Topkins 利用算法固定商品销售价格。2013年9月至2014年1

月，Topkins 与其他亚马逊网站卖家协商一致，同意使用特定的算法为同类海报设定同样的价格，从而实现控制和稳定商品价格。2015 年 4 月 6 日，Topkins 被美国司法部起诉至加利福尼亚州旧金山北部地区的美国地区法院，指控其因固定价格而违反美国法律。

拉大贫富差距。2013 年，牛津大学学者卡尔·贝内迪克特·弗雷和迈克尔·奥斯本通过试验研究了 702 种职业被机器替代的可能性，按照被取代的风险大小进行排序，结果认为美国将有 47% 的工作面临被计算机取代的风险，其中电话促销员、会计、体育裁判、法务秘书及收银员 5 个工种被认为是最有可能被取代的工作，医生、幼儿教师、律师、艺术家及牧师等则相对安全。随着更多企业为了减少成本而使用机器替代人工，必将导致失业率提高，民众对政府、国家和现实社会的不满情绪，甚至会通过暴力伤害等犯罪行为博得社会的关注。展望未来，拥有数据、技术、资本优势的个人、团体或国家可以通过人工智能技术节约人工、降低成本、提升质量，进而创造财富。而低教育水平、低技能的普通劳动力，因不能掌握高科技技术而无法获得人工智能的技术红利，同时还面临失业的风险。

＜ 机器人替代部分劳动力是必然趋势

战争形态之变

当前，已经有诸多研究成果表明，人工智能对军事科技及战场形势影响深远，可提升军事情报分析效率，提高战争决策效率和军事反应速度，催生新的作战指挥方式；可推动武器设计及研发朝向更加智能化、自主化和精准化的方向发展，改变战争的装备体系构成；可降低军事人员执行作战任务的危险性等。近年来，各国已把人工智能军事系统投入实战应用。

叙利亚战场。2015年底，叙利亚政府军在俄罗斯战斗机器人的支援下，强攻伊斯兰极端势力固守的一个重要高地，宣称这是世界上第一场以战斗机器人为主的攻坚作战。据媒体报道，俄罗斯在此轮行动中投入的"无人军团"包括6台履带式"平台—M"战斗机器人、4台轮式"阿尔戈"战斗机器人和至少1架无人机。这些机器人和无人机由俄军遥控指挥。战斗打响后，俄军无人机首先升空，将战场情况实时传送到俄军指挥系统。操作员操作战斗机器人抵近武装分子据点100—120米，并使用机枪和反坦克导弹进行攻击，叙利亚政府军的步兵则在战斗机器人身后150—200米的安全距离上对武装分子进行狙击，并根据无人机和战斗机器人传回的画面，进行定点炮击，彻底摧毁目标。战斗持续了20分钟，大约70名武装分子被击毙，而参与直接进攻的叙利亚政府军只有4名士兵受伤。

纳卡冲突。2020 年 9 月 27 日，阿塞拜疆和亚美尼亚两国为了争夺纳卡地区控制权爆发新一轮大规模武装冲突，并迅速升级为两国自 1994 年纳卡战争结束以来规模最大、交火最为激烈的军事对抗行动。经过十多天的作战，双方均声称造成对手数以千计的人员伤亡和大量装备损毁。据媒体报道，在本次冲突中，除了坦克、装甲车、重型火炮、远程火箭炮、战术弹道导弹等传统作战装备以外，两国还大量使用了无人机来执行侦察、攻击与作战效果评估等任务。在地面进攻受阻的情况下，阿塞拜疆出动无人机展开空中作战，并击毁亚美尼亚多套防空系统。亚美尼亚军队则出动自杀无人机，对阿塞拜疆军队的坦克装甲车辆进行俯冲攻击，缴获数辆阿塞拜疆军队的坦克和步兵战车。

巴以冲突。2021 年 5 月，以色列军方与巴勒斯坦哈马斯武装在加沙地带爆发自 2014 年以来最大规模的武装冲突。以色列军方称"人工智能技术首次成为与敌人作战的关键组成部分和力量倍增器"。据报道，以色列国防军下属的情报机构在加沙地带使用了"炼金术士""福音"及"深度智慧"等人工智能系统辅助作战。其中，"炼金术士"系统可计算出战场士兵和部队可能受到敌人袭击的概率，并通过单兵携带的通信装置进行实时预警。"福音"系统可对军事情报进行自主分析并生成最为合理的战场指挥建议，协助作战人员确定最为合适的打击目标。"深度智慧"系统能够精确地绘制出哈马斯在加沙地下的隧道网络地形图，结合地理情报卫星对地形监测的实时情报，军方能够快速检测出哈马斯火箭弹阵地的位置。以色列国防军在本次战争中对哈马斯的高级指挥官巴塞姆·伊萨进行了"定点清除"。

以上案例充分体现了无人作战的优势和威力。然而，再先进的战争机器人也难以改变战争的暴力属性，人工智能军事应用带来的风险和不确定性愈发成为国际社会关切的焦点。美国智库兰德公司 2020 年 4 月 22 日发布题为《人工智能的军事应用：不确定世界中的伦理关切》的报告指出，人工智能在军事系统中的集成将稳步增长，各种人工智能用于作战都将产生严重影响，提出新的伦理挑战。尽管联合国一直在探讨，但短期内不大可能推出对军用人工智能实施国际禁令或其他法规。该报告还指出，军用人工智能的发展带来一系列需要解决的风险，尤其是人工智能系统的可靠性、脆弱性和安全性问题，或增加战争的可能性、促使持续冲突升级并扩散。美国《战略研究季刊》2020 年春季发表题为《人工智能：战略稳定的威胁》的文章认为，人工智能与一系列先进常规武器之间存在多方面交集，能够大幅增强常规武器的能力，进而放大先进常规武器对战略稳定的破坏性影响。瑞典斯德哥尔摩国际和平研究所 2020 年 6 月发布报告强调，随着人工智能技术特别是机器学习方法的不断发展成熟，新一代人工智能可能在侦察和预警系统、指挥和控制系统、核武器运载系统等领域，对核威慑与战略稳定产生深刻复杂的影响。

在这里，不得不提一下，历史上曾经与人类擦肩而过的一场核大战。冷战期间，美、苏两大阵营针锋相对，"核毁灭"的紧张笼罩着全球。1983年夏天，一架载着269名旅客的韩国民航客机从纽约起飞。途经苏联上空，因为偏航，被误判为侦察机。苏联直接击毁了客机，该客机上搭载了61名美国旅客，包括一名众议院议员。时任美国总统里根发表讲话指出，"苏联的冷血屠杀暴行不可原谅……"20多天后，莫斯科一处地下堡垒里，响起了警报：美国蒙大拿州导弹基地发射飞弹，正朝苏联方向！一共5枚！按照既定的策略，当时负责值班的苏联空军中校斯坦尼斯拉夫·彼得罗夫应该摁下核按钮予以反击，但心思缜密的彼得罗夫觉得事发反常，既然开战，美国应该不会仅用5枚导弹。他镇定地拿着电话，盯着监控屏，几分钟后向上级汇报：这是一次系统失误，是错误的警报。原来，卫星误把云层反射出的太阳光当成导弹发射尾焰，所以发出警报。彼得罗夫的冷静，成功地阻止了人类历史上的核大战。

然而，军事人工智能在核控制指挥链条中的应用很可能推动核军备升级、增强常规武器性能，一旦数据缺失、重复、无效、污染或者数据描述与分析模型出现偏差，将会严重制约我们利用人工智能推测战场发展趋势、进行风险预警和危机管控的能力，并将导致分析预测失真、指挥决策错误等问题，进而对全球战略稳定造成严重冲击。试想一下，如果当时值班的不是彼得罗夫，

如果苏联把监测、预警和发射的权力都交给人工智能，机器将做出何种选择？答案细思极恐。

可预见的是，随着传感技术、新型算法、大数据等智能化技术群的融合发展，武器系统的自主能力将大幅增强，自主对抗的情况将成为战场的常态，尤其是在网络空间和电磁频谱等特定的作战领域。传统的大规模军团作战方式将发生根本性变化，逐步

转向更加网络化、一体化甚至智能化的装备系统较量。一旦在常规作战或冲突中，某国人工智能军用系统出现"闪崩"事故，或触发国家间的"闪战"，加上集群作战已经成为各主要大国研发部署的重点，从水下"狼群"到地面"蚁群"再到空中"蜂群"，未来战争的图景很可能是前所未有的。比如，在遮天蔽日、蜂拥而至的无人机大战中，"秒杀""群架""初战即终战"的特点将愈发凸显……

综上所述，人工智能拓展了维护国家安全的内涵和领域，丰富、改进了维护国家安全的方式和手段，但也给国家安全带来了新的挑战和风险。因此，在加快人工智能技术研发和应用的同时，也要注重风险管控。中国政府高度重视人工智能技术发展及风险管控，近年来已经发布多份重磅文件，为有效应对和管控人工智能技术发展带来的风险和争议提供指南。2021 年 9 月 25 日，中国国家新一代人工智能治理专业委员会发布《新一代人工智能伦理规范》，将伦理道德融入人工智能全生命周期，为从事人工智能相关活动的自然人、法人和其他相关机构等提供伦理指引。2021 年 12 月 13 日，中国特命全权裁军事务大使李松率团出席在日内瓦召开的联合国《特定常规武器公约》第六次审议大会，并向大会提交了《中国关于规范人工智能军事应用的立场文件》，聚焦人工智能军事应用涉及的研发、部署、使用等重要环节，就如何在军事领域负责任地开发和利用人工智能技术提出解决思路，展现大国担当。

第六章

参 考 文 献

1　Sizing the prize, What's the real value of AI for your business and how can you capitalise, https://www.pwc.com/gx/en/issues/analytics/assets/pwc-ai-analysis-sizing-the-prize-report.pdf.

2　Center for a New American Security, The American AI Century: A Blueprint for Action, https://www.cnas.org/publications/reports/the-american-ai-century-a-blueprint-for-action.

3　刘玲玲:《法国出台计划推进人工智能发展》,人民网,http://world.people.com.cn/n1/2021/1228/c1002-32318465.html。

4　National AI Strategy, https://www.gov.uk/government/publications/national-ai-strategy.

5　Michal Kosinski, David Stillwell and Thore Graepel, Private traits and attributes are predictable from digital records of human behavior, https://www.pnas.org/content/110/15/5802.

6　彭兰:《假象、算法囚徒与权利让渡:数据与算法时代的新风险》,《西北师范大学学报(社会科学版)》2018年第5期。

7　Cambridge Analytica, https://en.wikipedia.org/wiki/Cambridge_Analytica.

8　《引发面簿丑闻剑桥分析关闭所有业务》,《联合早报》,https://www.zaobao.com/realtime/world/story20180503-855783。

9　Cambridge Analytica and Facebook, The Scandal and the Fallout So Far, https://www.nytimes.com/2018/04/04/us/politics/cambridge-analytica-scandal-fallout.html.

10　《英议会公布"证据":剑桥分析公司或助力特朗普》,中国新闻网,https://www.chinanews.com.cn/gj/2018/04-18/8493583.shtml。

11　Newly Published Cambridge Analytica

Documents Show Unlawful Support for Trump in 2016.

12　栾轶玫:《人工智能对国际舆论的影响》，http://media.people.com.cn/n1/2018/1023/c40628-30357808.html。

13　《"脸书"个人用户数据被滥用？"剑桥分析"在全球有何影响》，BBC中文网，https://www.bbc.com/zhongwen/simp/world-43482767。

14　Deep Fake Technology Is a Threat to National Security, Politics, and the Media, Marco Rubio Says, https://www.dailysignal.com/2018/07/19/deep-fake-technology-is-a-threat-to-national-security-politics-and-the-media-rubio-says/.

15　《卡塔尔国家通讯社网站遭黑客攻击发布言论引发"地震"》，央视新闻网，http://m.news.cctv.com/2017/05/24/ARTI5mW1LTdscGhXhiL79Fy2170524.shtml。

16　Daniel R. Coats, Statement for the Record: 2019 Worldwide Threat Assessment of the US Intelligence Community, https://www.odni.gov/index.php/news.

17　Belfer Center, Artificial Intelligence and National Security, https://www.belfer-center.org/publication/artificial-intelligence-and-national-security.

18　《高频交易真相》，中国金融新闻网，https://www.financialnews.com.cn/gj/hqcj/201210/t20121010_17634.html。

19　The Times of India, NSE flash crash pulls Nifty down by 15.5%, https://timesofindia.indiatimes.com/city/delhi/nse-flash-crash-pulls-nifty-down-by-15-5/articleshow/16691260.cms.

20　《研究和应用遍地开花 "人工智能+"时代来了吗？》，新华网，http://www.xinhuanet.com/politics/2018-01-29/

c_1122332408.htm。

21 殷继国、沈鸿艺、岳子祺:《人工智能时代算法共谋的规制困境及其破解路径》,《华南理工大学学报（社会科学版）》2020 年第 4 期。

22 The Unite State Department of Justice, Former E-Commerce Executive Charged with Price Fixing in the Antitrust Division's First Online Marketplace Prosecution, https://www.justice.gov/opa/pr/former-e-commerce-executive-charged-price-fixing-antitrust-divisions-first-online-marketplace.

23 RAND, Military Applications of Artificial Intelligence：Ethical Concerns in an Uncertain World, https://www.rand.org/pubs/research_reports/RR3139-

1.html.

24 James S.Johnson, Artificial Intelligence: A Threat to Strategic Stability, Strategic Studies Quarterly, https://www.airuniversity.af.edu/Portals/10/SSQ/documents/Volume-14_Issue-1/Johnson.pdf.

25 Fei Su, Moa Peldán Carlsson, Dr. Vincent Boulanin, Dr. Lora Saalman and Dr. Petr Topychkanov, Artificial Intelligence, Strategic Stability and Nuclear Risk, https://www.sipri.org/publications/2020/other-publications/artificial-intelligence-strategic-stability-and-nuclear-risk.

7

第七章

下一个新疆域
在哪里

曾几何时，"昼出耘田夜绩麻"的古人们所认识的世界，只有脚下那片坚实的土地。上天入海，只是神话故事般的存在；网络空间，更是想象不到的奇幻世界。而这些在今天，都已经成为现实，一个又一个的地理新疆域、技术新领域书写了无限可能。人类总是在一次又一次地自我超越中前进。想象不可能、实现不可能，是人类不断向前的力量源泉。新疆域的开拓本质上是新兴科学技术的不断发展，目前我们面临的时代变革速度之快前所未有，技术想象的兑现与超越变得日益平常，新旧更替或许就在弹指一挥间。"谋先事则昌，事先谋则亡。"这也要求我们不能止步于当前，必须看得更远、走在时代之前，思考未来路在何方，提前谋篇布局，做下一个新疆域的领跑者，为迈向更好未来加足马力。

第七章

无限能源与可控核聚变

能源安全是关系国家经济社会发展的全局性、战略性问题，对国家繁荣发展、人民生活改善、社会长治久安至关重要。试想，如果能够一劳永逸地解决能源问题，获得源源不断的清洁能源该有多好，就像著名科幻小说《三体》第二部中描绘的场景那样，电像空气一样随处都是。这并非是痴心妄想，可控核聚变或许能够帮助人类实现这一梦想。目前世界主要大国都在可控核聚变的新疆域中策马扬鞭，逐梦无限能源。

你可能会疑惑，核能发电早已实现，能源问题也并没有因此得到可观的改善，为何可控核聚变技术可以彻底解决未来人类的能源问题？

这要从核裂变与核聚变的区别说起。核能，又称原子能，是通过核反应从原子核释放的能量，其可通过核裂变或者核聚变释放。目前人类已经比较成熟地掌握了核裂变技术，原子弹与目前的核电都是通过核裂变实现的。那么核聚变与核裂变有什么区别，可控核聚变又为何能够终结能源危机呢？主要原因有四：一是相较于核裂变，核聚变效能更高。核反应之所以能够产生巨大的能量，是因为根据爱因斯坦的质能方程 $E=mc^2$，能量等于反应过程中损失的质量乘以光速的平方。众所周知，光速约等于 3×10^8m/s，其平方更是一个天文数字，因此即使是很小的质量损失，也能够产生巨大的能量。这也就是原子弹威力如此巨大的原因。而核聚变反应过程中缺损的质量比裂变反应要多，因此其释放的能量也远超核裂变。二是核聚变的原料更加易得。用于实现核聚变的氘和氚是氢的同位素，其中氘在海水中广泛存在，多达45万亿吨，1升海水中所含的氘经过核聚变可提供相当于300升汽油燃烧后释放出的能量，如果将海水全部用于聚变反应，释放出的能量足够人类使用百亿年。氚虽然在自然界中不存在，但利用反应堆产生的中子轰击氟化锂、碳酸锂或锂镁合金就可以大量生产氚，而海水中含有大量的锂。而核裂变所需的铀等重金属物质储量是有限的。三是核聚变放射性更小。谈起核电站，大家往往想起切尔诺贝利、福岛核电站，甚至有不少人"谈核色变"。而核聚变反应过程中几乎不产生辐射，反应产物氦是惰性气体，核废料也几乎没有放射性。四是核聚变安全性更高。只要去掉核聚变反应条件中的任何一项，反应就会彻底停止，不会发生像日本福岛核电站那样在停止运行后仍因核燃料继续发热而引起爆炸的灾难性事故。因此从理论上来说，如果人类能够将核聚变加以和平利用，将会给人类带来取之不尽、用之不竭的清洁能源，"秒杀"现有一切化石能源和新能源，终结能源危机。

这将给人类社会带来可谓天翻地覆的变化。纵观人类发展历史，人类文明的发展史就是一部能源利用史，文明发展的内在动力之一，正是人类对能源利用能力的逐步提高。对火的利用结束了人类茹毛饮血的生活，逐步发展了农业文明；对化石能源的利用使人类进入了工业文明。与此同时，能源危机也常伴人类左右，农业文明时期，随着人口增长和农田扩展以及手工业的发展，柴草能源出现危机，化石燃料成了缓解这场危机的新能源。而现在，化石能源不足与环境污染加剧使我们不得不寻找下一个出路。可控核聚变，便是人类通往未来世界的钥匙。如果掌握了可控核聚变技术，我们就能够解决迫在眉睫的能源短缺与环境污染问题，人类社会也能够得到进一步的发展。此外，人类还能够借助核聚变能极高的能量密度进行深空探测、星际航行。迄今为止，人类所有火箭发动机都采用化学能驱动，但化学能的能量密度无法驱动我们去往更远的远方。如果能利用聚变能驱动火箭，那么人类能够进行深空探测的距离将大大延长。如果人类最终没有掌握可控核聚变技术，能源争夺带来的大国博弈、地缘政治冲突将加剧，人类文明的发展也或将会受制于能源匮乏。

但是核聚变犹如一匹野马，很难被驯服。核聚变顾名思义就是两个较轻的原子核聚合成一个较重的原子核。这首先需要高温环境使电子摆脱原子核的束缚，带正电的原子核和带负电的电子组成一团均匀的"浆糊"，专业术语称为等离子体。在这团"浆

"糊"中，两个失去电子的原子核如果靠的无限近，就能够克服相同电荷引起的电磁斥力，使原子核内部的强结合力起作用，此时聚变反应就发生了。氢弹利用的就是核聚变原理，但氢弹爆炸首先需要引爆一颗原子弹，通过原子弹爆炸产生的高温高压环境来实现核聚变。很显然这一方式是不可控的"一锤子买卖"，不能平稳持续输出能量。太阳内部能持续进行核聚变是因为太阳的质量足够大，产生强大的引力指向内部，对发生聚变的物质进行约束，而地球上无法照搬。

人类想要实现可控核聚变，就必须满足三个条件，即高温、高密度和高约束时间。高温情况下核燃料才能变成等离子体具备聚变条件，高密度提高燃料原子核之间碰撞而发生核聚变反应的概率，温度越高、压力越大，原子核的动能就越大，相互碰撞的概率和力度就越大，发生聚变反应的概率也就越高；长的能量约束时间使得等离子体能够持续充分地发生聚变反应，放出足够多的能量。等离子体的温度、密度和约束时间三者乘积称为"聚变三重积"。根据科学家们的研究，只有当"聚变三重积"达到 10^{22} 这个量级时，核聚变反应才能自持进行。这首先需要超过 1 亿度的高温，而没有材料能够承载如此高温，更遑论高压环境和长约束时间。如何对高能等离子体进行操控和约束，使其能够持续地发生聚变反应，成为人类在逐梦无限能源过程中需要翻越的"珠穆朗玛峰"。

明知山有虎，偏向虎山行。人类并没有因此放弃追寻梦想的脚步。从 20 世纪 50 年代开始，全世界的科学家们就在探索如何对等离子体进行约束。可控核聚变发展到今天，主要有两个大的方向：一是磁约束聚变，二是惯性约束聚变。磁约束聚变是利用特殊形态的磁场把氘、氚等轻原子核和自由电子组成的处于热核反应状态的超高温等离子体约束在有限的体积内，使等离子体受控制地发生大量的原子核聚变反应，释放出能量。通俗来说，就是利用磁场将一定密度的等离子体悬浮在容器内，对其进行点火加热，使其进行燃烧，并且尽可能将这种燃烧维持下去。目前世界上的磁约束聚变装置主要有托卡马克、仿星器、磁镜三种类型，其中托卡马克最容易接近聚变条件而且发展最快。惯性约束聚变是将某种形式的能量直接或间接地加载到聚变靶上，压缩并加热聚变燃料，在内爆运动惯性约束下实现热核点火和燃烧。这种方式犹如用激光引爆一颗颗小型氢弹来实现核聚变。

近年来，可控核聚变实验装置屡获突破。20世纪六七十年代，苏联托卡马克装置T-3温度达到千万级便足以震惊世界。而现在，我们已经能够达到上亿度的温度。2020年4月，中国的人造太阳"东方超环"（EAST）全超导托卡马克核聚变实验装置，创下1亿摄氏度运转10秒的世界纪录。2020年底，韩国的人造太阳可控核聚变装置在1亿摄氏度的温度下稳定运转了20秒。2020年12月，中国环流器二号M装置在成都建成并实现首次放电。中国环流器二号M装置采用更先进的结构与控制方式，等离子体离子温度可达到1.5亿度。2021年5月28日，"东方超环"创造新的世界纪录，成功实现可重复的1.2亿摄氏度×101秒等离子体运行。2021年12月30日，"东方超环"实现1056秒的长脉冲高参数等离子体运行，这是目前世界上托卡马克装置高温等离子体运行的最长时间。这进一步证明了核聚变能源的可行性。2021年8月，采用惯性约束的美国国家点火装置（NIF）也宣布迈出"历史性一步"，NIF使用世界上最高能量激光的脉冲来压缩胡椒粒大小的氘和氚颗粒，首次实现输出能量高于输入能量。

此外，核聚变实验反应堆也在持续建设中。国际热核聚变

实验反应堆（ITER）计划倡议于 20 世纪 80 年代，目前由中国、欧盟、印度、日本、韩国、俄罗斯和美国七方共同实施。2020 年 7 月 28 日，ITER 重大工程安装启动仪式在法国举行。ITER 计划 2025 年底之前实现首次放电，2035 年开始真正"放料"，实验氘氚聚变。ITER 如果成功实施，将首次在地球上建成能与未来商业堆规模相比拟的可控热核聚变实验堆，将全面验证聚变能源开发利用的科学可行性和工程可行性，是人类可控热核聚变研究走向实用的关键一步。ITER 项目由于牵扯多国，进展比较缓慢，为实现两条腿走路，我国开始建设自己的聚变实验堆——中国聚变工程实验堆（CFETR）。CFETR 项目于 2017 年 12 月 5 日在合肥正式启动工程设计，中国核聚变研究由此开启新征程。CFETR 计划 2035 年建成聚变工程实验堆，开始大规模科学实验；2050 年聚变工程实验堆实验成功，建设聚变商业示范堆，完成"中国聚变梦"。

最后一个 50 年？在可控核聚变领域，有一个著名的"永远50 年"段子，即不论何时问人类什么时候能够用上可控核聚变发的电，答案都是 50 年后。这反映了实现可控核聚变的难度之大。目前我们已经能够实现上亿度的高温，但仍然存在如何对等离子体实行长时间的约束控制使其能够稳定持续输出，以及如何提升聚变的能量增益系数 Q 值这两大难题。Q 值是聚变产生的能量与维持等离子体所消耗的能量的比值，也就是输出 / 输入。显然，Q 要大于 1，即输出大于输入才能实现能源供给。现有实验装置的 Q 值仍在 1 上下徘徊，而要实现商业化能源输出，Q 值至少要大于 30。由此可见，实现可控核聚变仍然道阻且长，不过近年来的突破与进展，也着实让我们看到了实现可控核聚变的希望之火。

无限能源，未来可期。

颠覆未来的量子技术

"遇事不决，量子力学"，这一前几年的网络流行用语，一方面表明了量子力学的神奇之处，另一方面也体现了量子技术的高深与"不靠谱"。不过，近年来量子技术实现了一个又一个的突破，量子世界的大门已经向我们打开。微观粒子世界与经典宏观世界的联结必将会发生不可思议的反应，改变人类的未来。

量子力学发源于 20 世纪初，是研究物质世界微观粒子运动规律的物理学分支。量子是近原子尺度的微观粒子系统，如果一个物理量存在最小的不可分割的基本单位，则这个物理量是量子化的，如光子、电子等。微观粒子的运动规律与我们所熟知的经典世界的宏观物体是完全不同的。有一些"违背常理"的特点，如量子干涉、量子纠缠、量子叠加等。量子叠加特性意味着量子可以同时处于 0 和 1 两种状态的叠加态，不过一旦遭遇观测，量子就会迅速坍缩为 0 或者 1。将微观粒子的规律移植到宏观世界，这就是著名的既是死的又是活的"薛定谔的猫"。虽然听起来匪夷所思，但是相关理论不断获得实验支持，在一百多年里催生了许多重大发明，如原子弹、激光、晶体管、核磁共振、全球卫星定位系统等，改变了世界面貌。

近年来，量子信息科学领域的研究发展取得了显著成就，有望改变信息处理世界的未来。量子信息科学是量子力学的最新发展，随着技术的进步，现在实验室里能够真真切切地隔离出一个原子、光子，并对其加以操控。这样的量子调控技术引发了"第二次量子革命"，主要包括量子通信、量子计算和量子测量。中国信息通信研究院发布的最新版《量子信息技术发展与应用研究报告》认为，量子信息技术将成为突破经典信息技术极限、拓展未来科学技术新疆域、推动信息技术和数字经济发展演进的新动能。

量子通信是理论上最安全的通信方式。其运用了量子纠缠原理，通俗来讲，量子纠缠是说两个处于纠缠状态的量子就像有"心灵感应"一样，无论相隔多远，哪怕是万水千山，甚至是不同星球，一个量子状态变化，另一个也会随之改变，爱因斯坦称之为"遥远地点之间的诡异互动""鬼魅般的超距作用"。而之所以量子通信在理论上最为安全，主要有两个原因：一是量子不可分割，窃听者无法从中做手脚；二是观测会改变量子的状态，因此窃听必会被发现。量子通信可以分为三种类型：量子隐形传态、量子密集编码、量子保密通信。量子隐形传态可实现量子态信息传输，进而构建量子信息网络。量子保密通信还可细分为量子密钥分发（QKD）、量子秘密共享（QSS）、量子安全直接通信（QSDC）等类型，其中量子密钥分发最为成熟。近年来，量子通信技术取得多项突破性进展，我国更是一路领先。2016年8月，我国发射了自主研制的世界上首颗量子科学实验卫星"墨子"号；此后，我国科研人员利用"墨子"号在国际上率先成功实现了千公里级的星地双向量子纠缠分发等成果，2021年1月中国科研团队实现了跨越4600千米的星地量子密钥分发。2017年，全球首条量子保密通信骨干网"京沪干线"项目通过总技术验收。2021年，中国实现了500千米级真实环境光纤的双场量子密钥分发和相位匹配量子密钥分发，传输距离达到 509 千米，创造了新的世界纪录。量子卫星和京沪干线项目验证了天地一体化量子通信组网的可行性。目前，基于量子密钥分发的量子保密通信已经初步实现应用，产业化水平还有待提升。基于量子隐形传态构建量子信息网络是未来量子通信研究与应用探索的重要方向。

量子计算拥有无与伦比的计算能力，能够对传统计算进行"降维打击"。百度研究院量子计算研究所所长段润尧称："量子计算是新量子革命最具有代表性的技术，是未来计算技术的心脏。"量子计算强大的算力主要来源于量子叠加态这一特性。传

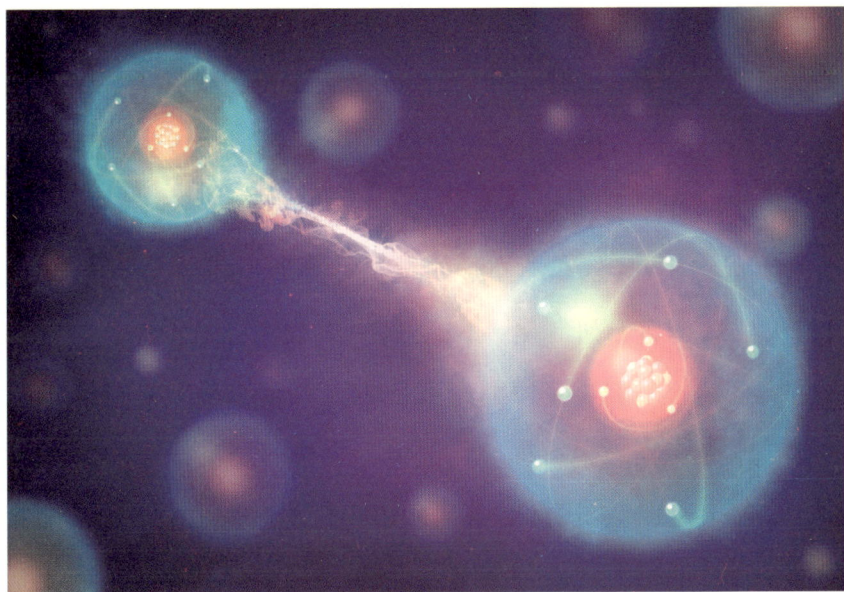

量子纠缠

下一个新疆域在哪里

统计算机中 1 个比特只能是 0 或者 1 中的一个状态，由于量子叠加态的存在，1 个量子比特可同时记录 0 和 1 两个状态。量子计算机因此拥有强大的并行运算能力，其算力依据所运用的量子比特的个数呈指数上升。基于量子计算的强大优势，2012 年美国加州理工学院的物理学家约翰·裴士基（John Preskill）提出了"量子优越性"（quantum supermacy，最初译为量子霸权）这一概念，即量子计算机可以碾压经典计算机，实现经典计算机完全无法实现的复杂计算任务。量子计算机有多条技术路线，包括超导量子计算机、光量子计算机、离子阱量子计算机。目前，量子计算原型机正在如火如荼地发展。2016 年，IBM 公司发布 5 个量子比特的超导量子计算原型机，2017 年，IBM 又研制出 50 个量子比特的量子计算原型机。2019 年谷歌发布 53 个比特的量子芯片，将其命名为"悬铃木"，首次实现量子随机采样的算法，用时 200 秒，而当时世界上最快的超级计算机需要 2 天，谷歌宣布其首先实现了"量子优越性"。2020 年 12 月 4 日，中国科学技术大学宣称构建出 76 个光子的量子计算原型机"九章"。2021 年 5 月，我国宣布研制出了 62 比特可编程超导量子计算原型机"祖冲之"号。2021 年 10 月，我国的"九章二号"光量子原型机实现求解高斯玻色取样比目前世界最快的超级计算机快 1024 倍。2021 年 11 月，IBM 宣布研制出一台能运行 127 个量子比特的量子计算原型机"鹰"，这是迄今全球最大的超导量子计算原型机。目前来说，距离实现通用的量子计算机已经不存在不可逾越的理论障碍，但技术层面困难重重。想要真正实现能够全面取代经典计算机的可编程、可纠错的通用量子计算机，至少需要掌握制备和操控 10 万—100 万个量子比特的能力。而我们现在距离这个量级还相去甚远。但是从 2016 年的 5 个量子比特到 2021 年的 127 个，科研工作者们一直在不断超越、不断突破。IBM 计划 2023 年推出 1121 位量子比特的量子计算机，谷歌公司计划 2029 年实现百万位量子比特和可纠错量子计算。美国兰德公司 2021 年 11 月发布报告预测，未来几年内量子计算机可能会有合适的应用领域，10 年后或许能够得到广泛应用。

此外，量子测量技术也正欣欣向荣。量子测量能够借助对量子态的观测和调控实现精密测量，在航空航天、地质资源勘探、生物医疗等领域应用前景广阔。

正在蓬勃发展的量子技术一旦得以大规模应用，将会对现代信息技术产生颠覆性影响，也会对国家安全产生重要影响。信息安全层面，从"攻"的角度来说，以量子计算为代表的算力正在威胁现有的加密体系。量子计算凭借其强大的算力将有能力突破目前人们保护信息时广泛依赖的公钥加密，这意味着无论数据现在多么安全，未来可能在量子计算机面前都不堪一击。美国企业研究所（AEI）2021 年 4 月底发表有关量子计算与国家安全问题的报告称，如果对手在网络防御能力升级之前取得量子计算能力优势，国家信息安全的防御能力将会变得脆弱。英国情报机构政府通信总部（GCHQ）负责人杰里米·弗莱明（Jeremy Fleming）在一次公开演讲中表示，量子计算正在给国家带来潜在的风险，对手可能会利用量子计算破坏现代加密技术。从"守"的角度来看，量子通信的加密特点又能够很好地维护信息安全。算力层面，量子信息技术强大的并行计算能力能够助力材料、制药、金融等诸多领域取得突破，有力地增强科技实力与综合国力。更为深远的是，量子计算强大的算力将有助于人类认识物理、化学、生命科学等领域重大基础科学问题，并与人工智能等科技产生"乘法效应"，加速产生裂变反应，破解未知、加固安全。

世界上主要大国都纷纷加紧布局量子信息技术这一新疆域。2016 年，欧盟宣布了量子技术旗舰计划，以迎接"第二次量子革命"。美国也一直支持量子科技发展，近年来通过了《国家量子行动》（2018）、《量子信息科学国家战略概述》（2018）、《量子网络战略展望》（2020）等多项立法与规划。《量子网络战略展望》提出美国未来 5 年要推动量子存储中继、大容量子信道和星地量子通信等关键技术突破，未来 20 年探索量子计算机互联和量子互联网。2020 年 10 月，习近平总书记在中央政治局第二十四次专题集体学习中，作出把握量子科技大趋势，下好先手棋的系列重要指示。2021 年 3 月，"十四五"规划正式发布，明确提出聚焦量子信息领域组建国家实验室，实施重大科技项目，谋划布局未来产业,加强基础学科交叉创新等一系列规划部署。目前,我国在量子信息技术领域位于第一梯队,是唯一在两条技术路线上实现"量子优越性"的国家。未来,我们一方面应大力发展量子技术,利用好量子技术带来的能力突破;另一方面要提高"抗量子"安全能力,防范化解其所带来的安全风险。

量子技术,不可限量。

改写生命密码

随着科学技术的发展,人类已经能够"上九天揽月,下五洋捉鳖",然而对于人体自身,我们所知道的仍然只是九牛一毛。对生命奥秘的解析和探索一直是科学家们不懈的追求。解析生命密码,关乎着人的安全、人类文明的进程。未来,人类要想走得更远更好,离不开在生命科学领域开疆拓土。总体国家安全观强调,以人民安全为基础,而人的生命健康是基础中的基础。借助前沿生物技术探索生命密码、治疗疾病、延长寿命、更有质量地生活,是实现人的安全的必由之路。往大了说,这是人类文明得以永续发展的前提。当然,我们必须清醒地认识到,生物技术在给人类带来福祉的同时,也带来风险与挑战。

开辟生命认知新疆域。无论是从哲学角度还是科学角度,人

类自我认知的难度都丝毫不亚于对外部世界的探索。但是随着
科技的发展，人类认知生命的边界已经得到了很大拓展。以蛋
白质结构研究为例，蛋白质是一切生命活动的基础，承担着人
体至关重要的生物学功能，如运输氧气、消灭细菌等。蛋白质
的不同结构决定其发挥什么样的作用。对蛋白质三维结构的解
析对于深入理解蛋白质功能和生理现象起着决定性作用。科学
家们一直在实验室中尝试用各种方法解析蛋白质结构，但其中的
奥秘难以破解，科学家们花了几十年时间，也才解析了 35% 的

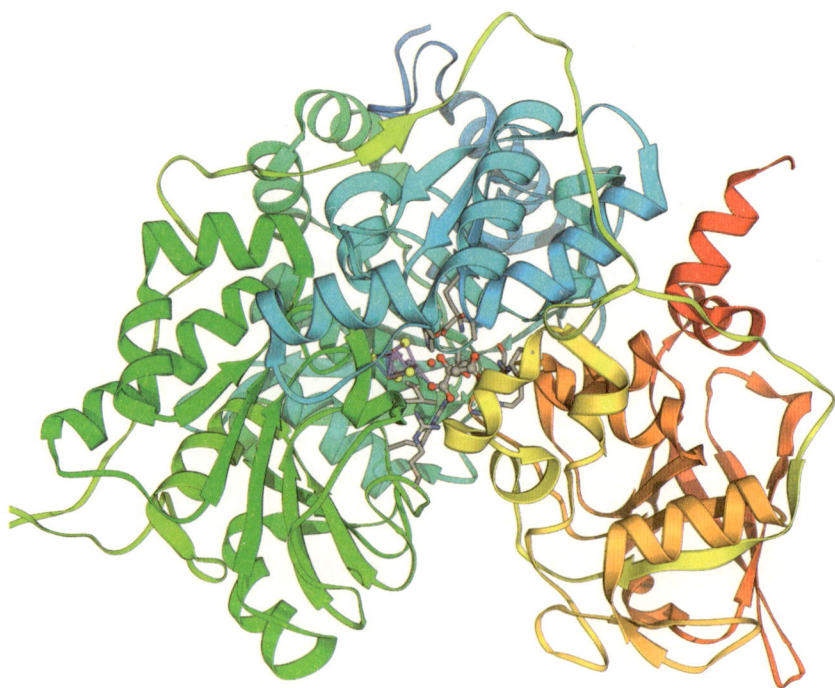

> 复杂的蛋白质结构

人类蛋白质结构。而就在 2021 年，蛋白质结构研究因人工智能发展取得里程碑式进展。深层思维（DeepMind）公司的人工智能算法 AlphaFold2 精准快速地预测了人类蛋白组中 98.5% 的蛋白质结构，以及 20 种模式生物同等比例的蛋白质结构，其预测精度已达到原子级别，能媲美目前最精准的测量仪器。早在初代 AlphaFold 首次公之于众并参加蛋白质结构预测大赛时，《自然》杂志便称其"将改变一切"。生物物理学家、西湖大学校长施一公评价称这是"人类在 21 世纪取得的最重要的科学突破之一"。也是在 2021 年，华盛顿大学等机构发布人工智能 RoseTTAFold，它能更好地预测蛋白质复合物的结构。AI 蛋白质结构预测算法的爆发，解决了科学界的一个关键难题，拓展了对生命本质的探寻，将极大地推动生物医药领域的发展。美国《科学》杂志将人工智能预测蛋白质结构评为 2021 年度首要突破性发现。

基因编辑改写生命。2021 年，《自然》和《科学》杂志纷纷将"CRISPR 直接在人体内编辑基因"列为年度十大科学突破。近些年来，人们对基因编辑这一名词已经并不陌生。基因编辑技术作为一种蓬勃发展的前沿生物技术，到目前为止已经历了 ZFN（锌指核糖核酸酶）、TALENs（转录激活因子样效应物核酸酶）和 CRISPR/Cas9（成簇规律间隔短回文重复）三代技术的发展。CRISPR/Cas9 被称为"基因剪刀"，简单通俗地讲，利用这把"剪刀"，可以对目标基因进行"修剪"。其方便快捷，操作难度低，许多人将其称为基因编辑的"民主化"，因为任何一个分子生物学实验室都可以利用这一工具。CRISPR/Cas9 自 2012 年诞生以来发展迅速，并先后于 2013 年、2015 年、2017 年入选《科学》杂志的"全球年度十大科技突破"名单。2020 年，CRISPR 取得首次临床胜利，成功治愈了患有地中海贫血症的患者。这是在体外进行的：从患者体内取出有缺陷的造血干细胞，对其进行编辑，然后将这些细胞重新注入患者体内。而在 2021 年，科学家们实现了直接在体内使用 CRISPR 进行基因编辑，减少了一种有毒肝脏蛋白质的产生，并适度改善了遗传性失明患者的视力。

中国科学院院士周琪 2016 年指出，科技界和生物产业界已经形成共识：基因编辑将给基础研究和转化医学研究带来革命性变革，是下一代生物技术的核心。基因编辑技术在生物医学基础研究、人口健康、农业育种和工业生产等方面发挥了重要作用，展现了广阔的应用前景。在医学应用领域，它给血液系统相关疾病，如镰刀型贫血症、血友病、β 地中海贫血症等带来了治疗的曙光，也为放射损伤、遗传病、代谢系统疾病的治疗提供了新的策略。生物医学专家近年来对利用基因编辑技术治疗视网膜色素变性、心脏病等多种疾病进行了研究，并且通过定向敲出癌症基因等，为相关疾病的治疗、创新药物的研发等提供了最新的研究基础。在农业应用领域，生物科学家们利用基因编辑技术取得了多项重要的进展，促进了农作物的驯化，有效提高了其环境适

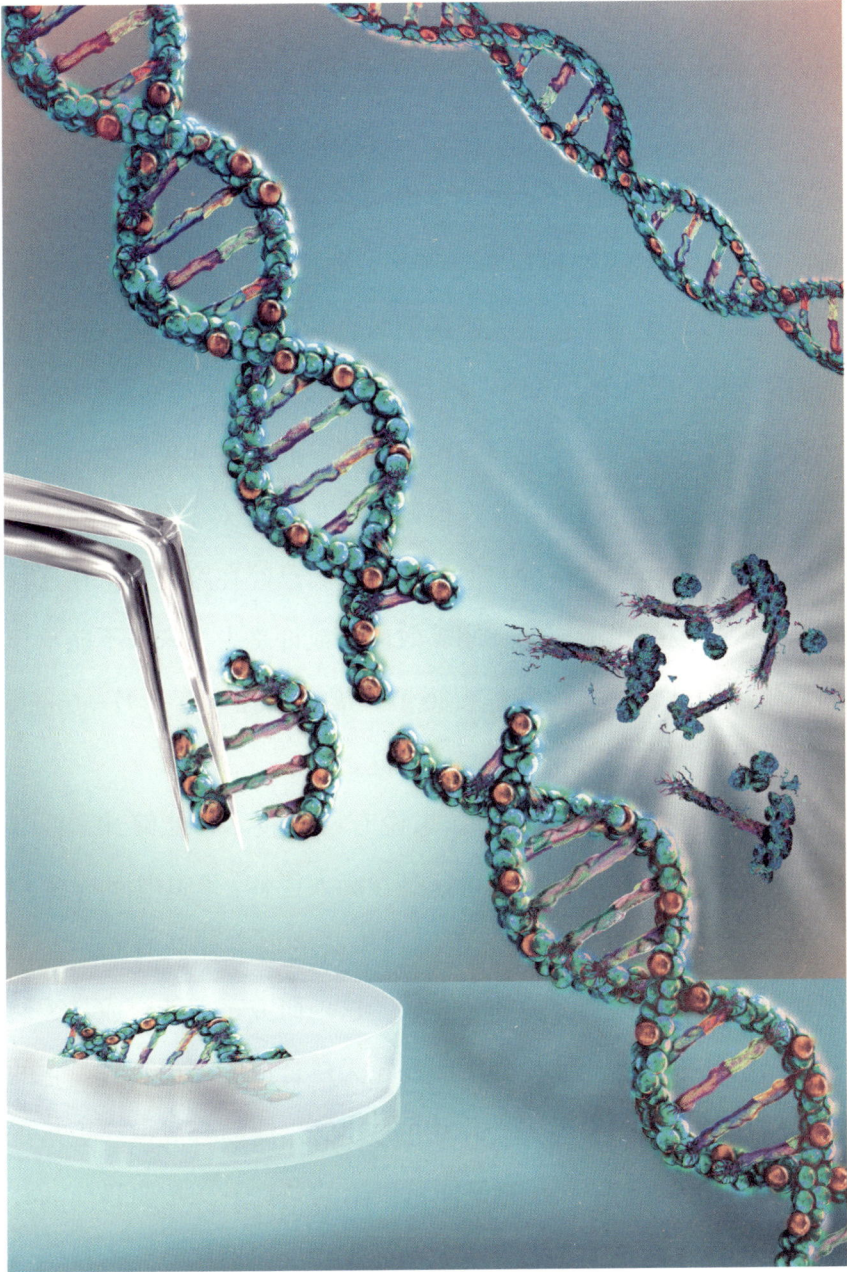

下一个新疆域在哪里   185

应性。例如，研究人员通过 CRISPR 技术对多种农作物的基因组进行了编辑，大幅提高了烟草、水稻、小麦、大豆、油菜、棉花等的产量，还在品种改良、抗虫害性能提高等方面成效明显。

当然，虽然基因编辑技术未来的发展潜力和应用前景十分具有吸引力，但基因编辑也不是那么"纯良无害"。我们想要通过基因编辑改写生命、造福人类的同时，其也有可能变成"恶魔的剪刀"。技术层面上，基因编辑存在"脱靶效应"与安全性问题；道德层面上，基因编辑也存在伦理争议。此外，如果将生命比作是一台计算机，那 DNA 就是代码。我们目前对 DNA 这套代码的底层编程逻辑知之甚少，但是基因编辑已经在路上了。在这种情况下，基因编辑造成的"蝴蝶效应"或许是人类未来不能承担的后果。因此，一方面我们要谨慎开展，加强监管；另一方面，要加强基础研究，解开基因编码之谜。

合成生物学造物致用。如果说有一种技术，能够让"西北风"变成粮食，你是否会觉得这是在痴人说梦？但中国科学家们真的实现了。2021 年 9 月，中国科学院的研究团队宣布，首次实现了从二氧化碳到淀粉的全合成。这项研究不仅能合成与天然淀粉结构几乎一致的淀粉分子，还比天然合成路径更高效。它的能量转化效率约是自然光合作用的 3.5 倍，淀粉合成速率更是玉米淀粉合成的 8.5 倍。在充足能量供给的条件下，按照目前的技术参数推算，理论上 1 立方米大小的生物反应器年产淀粉量相当于我国 5 亩玉米地的年产淀粉量。这项研究是从头合成生物大分子的一次里程碑式突破，也是模仿甚至超越自然合成机制迈出的一大步，将为未来从二氧化碳合成淀粉开辟崭新道路，使未来淀粉的工业化生物制造成为可能。如果未来二氧化碳人工合成淀粉系统过程的成本能够降低到与农业种植相比具有经济可行性，将会节约 90% 以上的耕地和淡水资源，避免农药、化肥等对环境的负面影响，推动形成可持续的生物基社会，提高人类粮食安全水平。美国工程院院士延斯·尼尔森表示，这是利用合成生物学解决当今社会面临的若干重大挑战的惊人案例，将为日后更多相关研究铺平道路。

合成生物学是生命科学领域的一门新兴工程科学，其实质是在工程学思想指导下，按照特定目标理性设计、改造乃至从头合成生物体系，通过构造人工生物系统来研究生命科学中的基本问题，应对人类面临的重大挑战。因此，它被多国认为是未来的颠覆性科学技术，被公认是继"DNA 双螺旋发现"和"人类基因组测序计划"之后的"第三次生物技术革命"。在合成生物学的加持下，人类正大步迈向"造物自由"的目标。我们日常所需的粮食、肉类、油脂，使用的汽油及各种化工原料，还有很多珍稀的药物成分等，都可以通过生物技术合成获得。而且与传统的化学合成相比，合成生物只需要酵母、细菌等做"底盘"，用来自玉米淀粉的葡萄糖等做原料，甚至只需要二氧化碳，就可以合成所需的各种物质。因此合成生物学能够帮助人类极大地改善对"大自然的馈赠"的依赖，将主动权掌握在自己手中。美国战略与国际问题研究中心发表报告认为，合成生物对未来安全环境的塑造及防务决策者的影响深远，随着合成生物学、材料科学、纳米技术等领域的发展，2045 年人类或将可以实现生产替代性器官，这是未来最值得关注的科技趋势之一。

合成生物学在给人类带来"富足"的同时也存在巨大的风险隐患。其具有对自然生命的颠覆性重塑功能，可能造出更有威力的病毒，或用于新型生化武器的研发，也可用于合成毒品，一旦失控，将带来极其严重的后果。

在对生物技术的日新月异感到欣喜之余，我们也应该清晰地认识到，人类对生命的探索仍远远不足。虽然我们已经能通过基因编辑技术医治疾病，用合成技术创造新的生命，但我们对生命的理解可能仍处于入门水平。我们对那些人之所以为人、地球生命之所以如此缤纷的原因的深层次探究才刚刚开始。在《自然》杂志创刊 125 周年之际，其公布了 125 个最具挑战性的科学问题，其中涉及生命科学的问题占 46%，足见生命科学领域还有着许许多多尚待开垦的疆域。比如基因作为遗传的基本单位，储存着关乎人的生、老、病、死等一切生命现象的全部信息。但我们还未能真正理解基因的作用机制，也仍然无法解释一些生命现象的运作机制，进而也就不能解开人类的生命之谜。正如人工光合成淀粉领军人物、天津工业生物所所长马延和所说:"我们目前对很多生命过程的理解还不到位。"未来,我们面临着诸多基础科学挑战,需要长期研究。相信随着科学家们的不断攻关,随着人工智能与量子计算的突破与发展,基于高效的算法与强大的算力,更多生命的奥秘将被我们解开。

生命密码,自己掌握。

人类的征途是星辰大海

无尽边疆,无数可能。星辰、人间、虚拟空间……人类的足迹不断延伸。中国、美国和阿联酋的探测器已抵达火星;詹姆斯·韦伯望远镜发射升空,去遥望我们不曾看见的远方;国际空间站迎来第一批观光客,太空旅行离"飞入寻常百姓家"又更进一步;脑机接口又获进展,马斯克的 Neuralink 公司让一只猕猴能够用意念玩游戏,人类离"心灵感应"又近了一步;新冠肺炎疫情让世界发生了巨大的变化,也使生物医药领域得到了飞快的发展;互联网的后继形态以"元宇宙"展现出其冰山一角,随着

XR 技术①的发展，元宇宙或成为未来整个人类休闲、劳动和生存的平台。未来，强人工智能得到进一步发展，人类在深海、外空、极地的探索进一步深入，有了无限的聚变能、有了强大的量子算力、有了先进的生物技术，我们的地球家园变得天朗气清、风和景明，星际航行不再是遥望，我们利用月壤中的氦3发电，火星上的旅行家能够通过"元宇宙"实现生活工作两不误，人类破解了生命的奥秘，更多的疾病被治愈，人类能够更有质量、更长寿、更富足地生活……

人类的未来有多少种可能？人类所能触及的疆域到底有多广？仅凭短短的一个章节肯定书写不尽。下一个新疆域在哪里？这难以有一个确定的答案。政治学界曾经有一本名为《专家的政治判断》的书，作者跟踪和评估了284位政治学专家做出的超过8万次的预测，发现预测的正确率与随机抛硬币不相上下，"比猩猩掷飞镖的命中率还要低"。本章不致力于博人眼球对未来进行预测，而是试图为读者提供一些关乎未来、关乎国家安全、关乎人类安全的思考。

新疆域的开拓将会为未来的人类、社会、国家提供很大的安全助力，同时也会带来不小的安全风险。如前文所述，新疆域的

---

① XR（扩展现实）是VR（虚拟现实）、AR（增强现实）、MR（混合现实）等经常相互重叠的概念的统称。最终，随着"元宇宙"成为现实，VR、AR和MR之间的界限可能变得模糊——使XR成为一个更合适的称谓。

开拓对人的安全、能源安全、粮食安全，甚至对人类文明的延续都有很大裨益，但探索的路上绝不会是一帆风顺，注定会充满各种风险、挑战与冲突。现有的深海、极地、太空、人工智能等战略新疆域所面临的治理问题、技术瓶颈、伦理问题，在未来的新疆域中也会存在。一方面，技术本身的发展会对伦理、现有秩序构成挑战；另一方面，拓展新疆域所带来的技术竞争会加剧大国博弈和地缘政治冲突。新疆域的开拓本质是科学技术的发展。而技术竞争与打压、技术规则制定和国际话语权之争，已经引发各国激烈博弈。全球最大的资产管理集团贝莱德公司的金融专家将中美之间所谓的"科技战"视为未来最大的地缘政治风险，认为围绕人工智能、量子计算等的技术竞赛很可能成为 2022 年及以后的决定性冲突。如何避免冲突与对抗，建立统一的共识与规则，是未来新疆域治理的关键。

无尽边疆，人类的征途是星辰大海。我们既不能因惧怕风险而畏缩不前，也不能无视隐患而野蛮冒进。必须坚持总体国家安全观，坚持统筹发展和安全，坚持人类命运共同体理念，充分意识到新疆域的安全助力与安全风险，树立底线思维和风险意识，强化战略前瞻性，走在时代之前，提前布局谋划，大力发展科学技术，在未知中开疆拓土，做未来新疆域的引领者。唯有如此，"中华民族伟大复兴"号巍巍巨轮、"人类命运共同体"号诺亚方舟才能行稳致远。

参 考 文 献

1　赵维平:《可控核聚变技术——未来能源的希望》,《科技情报开发与经济》2012 年第 23 期。

2　谭国武、邱建忠:《能源与人类文明》,《现代物理知识》2007 年第 2 期。

3　乔辉:《可控核聚变的诱惑》,《太空探索》2019 年第 4 期。

4　高翔、万元熙、丁宁等:《可控核聚变科学技术前沿问题和进展》,《中国工程科学》2018 年第 3 期。

5　《我国超导托卡马克的现状及发展》,中国科学院,https://www.cas.cn/zt/jzt/wxcbzt/zgkxyyk2007ndwq/xkfz/200710/t20071010_2668268.shtml。

6　ITER, WHAT IS ITER, https://www.iter.org.

7　《中国聚变工程实验堆启动工程设计》,《安徽日报》2017 年 12 月 6 日。

8　《量子科技为何成为多国战略布局的重点领域》,新华社,2020 年 10 月 18 日。

9　Wehner S, Elkouss D, Hanso R 2018 Science 362 eaam9288.

10　《量子信息技术发展与应用研究报告》,中国信息通信研究院,2021 年 12 月。

11　危语嫣、高子凯、王思颖、朱雅静、李涛:《基于单光子双量子态的确定性的安全量子通讯》,https://wulixb.iphy.ac.cn/cn/article/doi/10.7498/aps.70.20210907。

12　赖俊森、赵文玉、张海懿:《量子信息网络概念原理与发展前景初探》,《信息通信技术与政策》2021 年第 7 期。

13　IBM, IBM's roadmap for scaling quantum technology, https://research.ibm.com/blog/ibm-quantum-roadmap.

14　Google, Quantum computing hardware, https://quantumai.google/hardware.

15　Rand, Commercial and Military Applications and Timelines for Quantum

Technology, 2021.11.

16　AEI, Quantum computing: A national security primer, https://www.aei.org/research-products/report/quantum-computing-a-national-security-primer/.

17　Reuters, UK cyber spy chief says: quantum computing is closer but beware the risk, https://www.reuters.com/world/uk/uk-cyber-spy-chief-says-quantum-computing-is-closer-beware-risk-2021-04-23/.

18　《量子方舟驶向未来》,《瞭望》2021年第51期。

19　Science, It will change everything: DeepMind's AI makes gigantic leap in solving protein structures, https://www.nature.com/articles/d41586-020-03348-4.

20　Science, 2021 BREAK THROUGH OF THE YEAR, https://www.science.org/

content/article/breakthrough-2021.

21　Nature, The science news that shaped 2021: Nature' spicks, https://www.nature.com/articles/d41586-021-03734-6.

22　许丽、工玥、姚驰远、徐萍:《基因编辑技术发展态势分析与建议》,《中国生物工程杂志》2018年第12期。

23　周琪:《基因编辑在中国》,《光明日报》2016年8月12日第10版。

24　Cai T, Sun H, Qiao J, et al, Cell-free chemoenzymatic starch synthesis from carbon dioxide, Science, 2021, 373(6562).

25　《我国实现二氧化碳到淀粉的从头合成》,《中国科学报》2021年9月24日。

26　Bryan Walsh, A center for shaping new technology, Mar 14, 2020, https://www.axios.com/geotech-center-new-technology-ecd811ad-77c9-4bbd-8638-cb5a2c660c4d.html.

27 David T.Miller, Defense 2045: Assessing the Future Security Environment and Implications for Defense Policymakers, November 2015, https://csis-website-prod.s3.amazonaws.com/s3fs-public/legacy_files/files/publication/151106_Miller_Defense2045_Web.pdf.

28 ［英］马特·里德利著，尹烨译:《基因组（生命之书23章）》，机械工业出版社2021年版。

29 Philip E. Tetlock, Expert Political Judgment: How Good Is It? How can We Know.

8

第八章

新疆域的
国家安全治理

当前，深海、极地、太空、人工智能等新疆域不断拓展，既给各国乃至整个人类带来无尽的发展潜能，也可能产生巨大的安全风险，成为各个国家安全领域中时代特点最鲜明、发展前景最广阔，但同时也是系统复杂性最高、不确定风险最突出的一个。大国角逐加剧、科技可能失控，加上新疆域的跨域融合特征，使得某单一风险的爆发容易向复合性危机转变，局部性的问题也会向国家安全全局传导，其威胁之大、牵扯之广将超乎想象，成为影响国家安全和国际和平的重大问题。对此，我们应牢牢树立总体国家安全观，坚持系统性思维，构建大安全格局，统筹好发展和安全，统筹好自身安全与共同安全，加强新疆域的国家安全治理，推动共建新疆域人类命运共同体。

布满荆棘的"美丽新世界"

新疆域代表着美丽的新世界，它意味着新的可能，蕴含着新的机遇，但同时也将伴随着巨大的风险。

1492 年，哥伦布发现"新大陆"，这对当时的西欧国家而言，不啻于发现了一个"新疆域"。众所周知，这一"新疆域"给西欧国家带去了巨大的财富，助推了欧洲资本主义的发展，使西方一跃而成为过去 500 年世界的中心。然而，这一"新疆域"的发现也给世界造成深重的灾难：印第安人等土著族群惨遭屠戮、大批非洲黑人被作为奴隶贩卖至此、欧洲国家开始全球殖民并为瓜分世界大打出手……同样，对"火""电""核"等曾经的"新疆域"的掌握也给人类带来巨大便利与财富，极大地推动了人类社会发展，提升人类生活水平，但同时也伴随着火炮、帝国征服、核武器爆炸等破坏性力量的增长。无怪乎，在古希腊神话中，宙斯将普罗米修斯绑在山上，并让饥饿的恶鹰天天啄食他的肝脏，惩罚他将火种盗取给人类，或许部分原因就是对人类能否利用好"火"这个"新疆域"深感怀疑。

当前，一个个"新疆域"再次在人类面前展露出它们无限的潜能。在深海深处,不仅蕴藏着丰富矿产和油气资源,还蕴含着有待人们破解的生命密码。据介绍,太平洋一片深海黏土所含有的稀土元素就可供人类使用几十年;而海底的微生物新陈代谢极其缓慢,生殖周期在千年以上,有着人类至今未能知晓的"长寿基因"。不仅如此,深海还承载着全球互联网的大动脉。据统计,目前全世界大约有 380 条海底光缆,承担着全球洲际语音和数据流量的 95%。

在南北两极,随着全球变暖,冰盖正在消失,以前人迹罕至的地方,现在日益成为各国竞相抢占的"制高点"。首先是南北两极自然资源极其丰富。据美国地质调查局统计,北极圈内已探明并可用现有技术开发的石油储量高达 900 亿桶,占世界未探明石油储量的 13%;天然气储量约为 1669 万亿立方米,占世界未探明储量的 30%;液化天然气约为 441 亿桶,占世界未探明储量的 20%。南极地区则以冰雪形式储存着全球 70% 的淡水,以及储量巨大的磷虾等生物资源。其次是随着冰雪融化,极地尤其是北极地区将成为连接欧亚、欧美之间最短、最便捷的水上运输要道,而厚厚的冰盖下面封存数万年的"远古病毒"和具有嗜寒、耐盐、耐压等特性的极地微生物,对人类探究生命起源等具有重大的科学价值和应用价值。

"上九天揽月"。随着太空飞船技术的蓬勃发展,进入浩瀚的太空已经不是遥不可及的梦想。除了各种人造探测器和专业宇

航员可以更加频繁地进入太空外，普通民众也将能够有更多机会"上天"感受宇宙的浩渺。"星辰大海"将不再只是传说中的远方，而是日益成为继陆、海、空之后人类生活的"第四疆域"。据介绍，在距离地面 100 千米以上的太空拥有很多地球上所缺乏的资源，包括太阳能、强辐射、超洁净、高真空、微重力、大温差、高远位置，以及月球、行星、小行星上的稀有矿藏等。它们不仅为人类提供丰富的资源，还将为人类提供地球上难以复制的"科学实验室"。

而人工智能技术的发展，更是将人类一把推进了智能时代。人脸识别、下棋聊天、扫地送货、无人驾驶……这类科幻色彩浓厚的智能设备，现在已经"飞入寻常百姓家"。人工智能的飞速发展，正在给人类生活带来极大的改变，不仅将人类从很多事务中解放出来，而且未来还可能在很多方面超越人类。当前，以深度学习、跨界融合、人机协同、群智开放、自主操控为特征的新一代人工智能技术方兴未艾，正在成为引领新一轮科技革命和产业变革的战略性技术，并将对人类传统的观念伦理、生产生活造成根本性的影响。

未来已来，人类的科技探照灯正照亮一个一个新疆域，在我们面前铺展开一幅一幅美好的愿景；但同时，故事依旧，争相抢占、无序开发、缺乏治理等，仍然是人类探索新疆域、开发新疆域所面临的重大风险，如若不能妥善应对，美好愿景恐怕也会变成幻景甚至是更坏的后果。

以目前看，至少有三个趋势值得警惕。

一是私有化。在当前百年未有之大变局背景下，国际竞争已变得异常激烈。面对新疆域之"新"，世界各主要大国都想"捷足先登"，并在人类新发现的这片新疆域内占据一席之地。据介绍，在深海，至少已有400万平方千米的优质矿区被抢占，29个矿区已经划归相关国家，从勘探转向开发的趋势日益明显。与此同时，对极地公域的争夺也随着气候变暖变得"火热"起来，所谓冰冻圈的地缘政治时代已经来临。美国、俄罗斯、加拿大、丹麦等环伺北极，均提出了对北极的领土要求；《南极条约》虽然暂时冻结了相关国家的领土要求，但"冻结"远非"禁止"，冰层下暗流仍在不断涌动。太空更是成为大国新一轮"圈地运动"之所在。当前，美国 SpaceX 公司计划向太空发射 4.2 万颗卫星，分布在 340 千米、550 千米、1150 千米等不同高度轨道，几乎"包围了这个地球"。这个所谓的"星链"计划其实就是美国抢占太空轨道资源的最佳体现。

二是军事化。新疆域的军事化在一定程度上是私有化的逻辑延伸。为了抢占更大的份额并以此谋求相对其他国家的战略优势，新疆域的军事化趋势已愈演愈烈。深海暗战、星球大战、无人军团甚至是基因战争等等，都已经不只是科幻小说家笔下的奇思妙想，而是愈发现实的战争形态。深海，正以其"军事活动空间范围大、作战部署灵活、作战行动自由度大、隐蔽性强、威慑力强等特点"，日益为世界主要军事强国所重视。2021 年 9 月底，美国"海狼级"攻击核潜艇"康涅狄格"号在南海地区撞击不明物体被迫上浮，折射出美国海军对深海空间"无孔不入"的存在。而同一个月，美、英、澳三个盎格鲁—撒克逊国家建立所谓"三边安全伙伴关系"（AUKUS），扬言将在澳大利亚建造 8 艘核动力潜艇，更是挑起了新一轮的深海军备竞赛。2021 年 12 月 30日，韩国共同民主党总统候选人李在明表露，他若在 2022 年当选总统，将寻求美国支持韩国建造核动力潜艇。

极地的军事化也日益严峻。例如在北极地区，美国在 2021

年以来相继推出《蓝色北极——北极战略蓝图》和"重夺北极主导权"战略，加紧与加拿大商讨合作升级"北美防空司令部"（NORAD），并将 B-2"幽灵"隐形轰炸机部署到冰岛的凯夫拉维克海军航空站，以及计划在北极地区部署能够自主飞行 40 多个小时的 MQ-9A 无人机等，极力强化在北极地区的军事优势。而北约成员国挪威则宣布于 2022 年举行"冷战结束以来北极最大规模的军演"，积极提升在北极地区的军事存在感。同时，俄罗斯也在北极地区加紧修建军事基础设施，并设计和生产北极专用的设备与武器。

"太空是一个战区"，美国前太空军司令部司令约翰·雷蒙德如是说。近些年来，美国组建了"太空军"，并加紧研制和部署各种太空武器。2021 年 8 月，美国现任太空军司令部司令迪金森宣称，美国太空司令部已经初步具备作战能力，并将在未来几年内具备完全作战能力。日本也于 2020 年组建了"宇宙作战队"，并计划在 2022 财年再建一支，以最终组成"宇宙作战群"。同时，日本还加强太空武器研制，据报道还将建造用于警戒和修理卫星的"宇宙巡逻船"，其太空军事化的野心昭然若揭。俄罗斯作为军事强国，太空军事能力也不遑多让。2021 年 11 月 15日，俄罗斯成功击毁了一颗报废卫星，引起了国际社会对太空军备竞赛日益加剧的担忧。

人工智能的军事化也在不断加速。美国、俄罗斯、英国、法

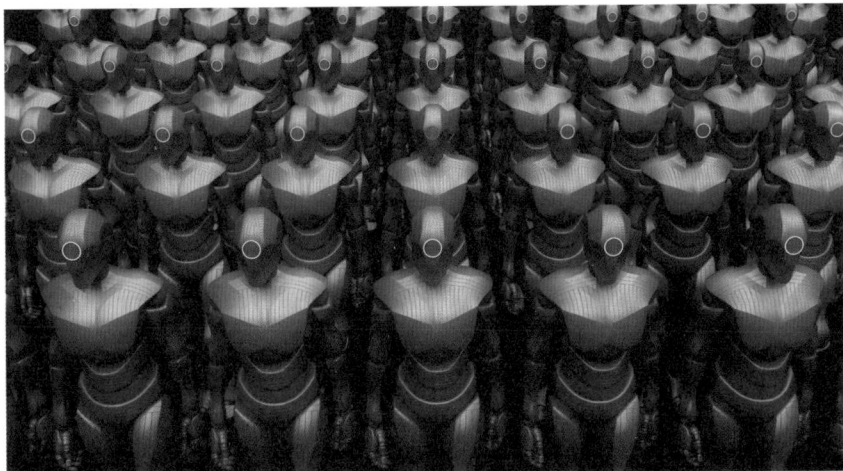

国、日本、印度都在加紧人工智能的军事化运用，试图利用人工智能技术给军事手段赋能添力。至今，已有多种"智能武器系统"面世，包括新型无人机、无人战车、无人潜航器以及战斗机器人等。2015 年 12 月，俄军机器人部队支援叙利亚政府军成功攻占极端组织"伊斯兰国"控制的拉塔基亚 754.5 高地，成为全球范围内成建制机器人投入实战的首个战例。2020 年 12 月 15 日，美国空军首次将人工智能部署在一架 U-2 侦察机上，开创了人工智能首次自主控制军用系统的先河；以色列研制的"哈比"（Harby）巡飞弹能够探测、瞄准和攻击敌人的雷达设施而无需任何人工监督；韩国自主研发的"SGR-A1"型哨兵机器人已部署在朝韩边境的非军事区，据称可在没有人类干预的情况下自主运行、自主开火射杀目标。

三是失控风险。美国理论物理学家、参与曼哈顿计划的奥本海默在人类首次核试验后援引《薄伽梵歌》的一句话慨叹道："我现在成了死神，世界的毁灭者。"近百年来，科学技术的迅猛发展，给人类带来巨大能量和巨大便利的同时，也带来了巨大的危险和威胁。能否掌控人类日益飞速发展的科技，成为了当前人类面临的重大挑战之一。这将包括：对极地的开发，是否会唤醒远古的病毒？对太空的进占，是否会制造更多的太空垃圾，进而威胁到人类生活的星球？对人工智能的利用，是否会导致人类最终被超级智能所替代？以及人类相互竞夺的本性是否会引发第三次世界大战，再次导致大规模自相残杀的悲剧？

其中，人工智能领域的失控最为引人担忧。著名物理学家霍金曾警告，人工智能的成功有可能是人类文明史上最大的事件，但是也可能是人类文明史的终结。2015年1月，他率领一批科学家、企业家及发明家发表了题为《应优先研究强大而有益的人工智能》的联名公开信，警告人工智能的安全性及对社会的负面影响不容忽视，呼吁研究人员必须创造出可控的人工智能。著名企业家埃隆·马斯克也警告，超人类人工智能可能带来不可估量的利益，但如果部署不当，则可能给人类带来相反的效果。计算机科学家斯图尔特·拉塞尔则更加直白地发出警告：将人工智能用于武器可能会毁灭人类。

趋利避害是人类的生存策略，但见利忘义也是人类过去重复犯下的错误。霍金坦言，我们花费大量时间学习历史，深入去看——大多数是关于愚蠢的历史。当前，我们再次站在了一个美丽新世界的入口，这是一个既令人兴奋，同时又充满了不确定性的世界。在这一美丽新世界里，我们可以汲取丰富的资源、拓展广阔的空间，但也可能因此爆发激烈的冲突，甚至自己给自己当了掘墓人。而这一切，都将取决于，在新疆域里人类是重复过去的愚蠢还是能够精诚合作。

统筹新疆域的发展和安全

新疆域既是发展议题，也有安全挑战，而这种挑战既关乎自身安全，也涉及共同安全。习近平总书记在十八届中央政治局第十四次集体学习时指出"要贯彻总体国家安全观"，其中提出要"既重视发展问题，又重视安全问题，既重视自身安全，又重视共同安全"。2017年1月18日，习近平主席在联合国日内瓦总部演讲时还就新疆域的发展与安全问题郑重呼吁："要秉持和平、主权、普惠、共治原则，把深海、极地、外空、互联网等领域打造成各方合作的新疆域，而不是相互博弈的竞技场。"这是习主席对人类应如何把握新疆域所带来的历史性机遇给出的中国方案，即：以总体国家安全观为指导，通过统筹发展与安全问题、统筹自身安全与共同安全，在各大新疆域推动构建"人类命运共同体"。

深海领域。2020年12月，中国常驻联合国副代表耿爽大使在第75届联大全会"海洋和海洋法"议题下发言，就推进全球海洋治理、维护海洋生态环境、促进海洋可持续发展，携手构建海洋命运共同体阐明中方立场。耿爽大使指出，"我们共同生活的地球是一个蓝色星球，建设美丽地球要求我们共同把这个蓝色星球治理好、保护好、开发好、建设好"，并提议各国携手建设高质量的海洋治理体系，携手维护高质量的海洋生态环境，携手发展高质量的海洋经济，携手打造高质量的"蓝色伙伴关系"。这些年来，中方不仅加强了自身领海和专属经济区的海域治理，推进渔业绿色发展，维护海洋生态环境，妥善处理海上矛盾争端，还积极参与国际合作，以实际行动推动构建海洋命运共同体。包括：以负责任、建设性态度积极参与《国家管辖范围以外海域生物多样性国际协定》和《国际海底区域资源探矿和勘探开发规章》等文件的制订；积极支持国际海洋法法庭、国际海底管理局和大陆架界限委员会在全球海洋治理中发挥重要作用，并定期向国际海底管理局和大陆架界限委员会的有关基金提供捐助；2020年11月，在中国青岛成立了首个由国际海底管理局和成员国共建的中国—国际海底管理局联合培训和研究中心。此外，中国还正在认真研究加入《联合国鱼类种群协定》和联合国粮农组织《港口国措施协定》。2021 年 7 月，国际海底管理局秘书长迈克·洛奇对中国在应对全球问题以及推动国际海底事业发展上发挥的重要作用给予了高度评价。

极地领域。中国政府在 2017 年和 2018 年先后发布了《中国的南极事业》和《中国的北极政策》两份白皮书。《中国的南极事业》指出，"南极关乎人类生存和可持续发展的未来，建设一个和平稳定、环境友好、治理公正的南极，符合中国和国际社会的共同利益"，并强调"中国愿与国际社会一道，共同推动建立更加公正合理的国际南极秩序，携手迈进，打造南极'人类命运共同体'，为南极乃至世界和平稳定与可持续发展做出新的更大的贡献"。《中国的北极政策》也指出，"中国倡导构建人类命运共同体，是北极事务的积极参与者、建设者和贡献者，努力为北极发展贡献中国智慧和中国力量"，提出将本着"尊重、合作、共赢、可持续"的基本原则，"通过认识北极、保护北极、利用北极和参与治理北极"，同各国一道在北极领域推动构建人类命运共同体。

近年来，中国也确实为南极和北极的治理做出了重大贡献。在南极，中国加入了几乎所有与南极相关的国际公约和国际机构，还单独或联合设立了多个南极特别保护区和管理区，主动出台《南极活动环境保护管理规定》，倡导南极绿色考察等；同时，中国还重视南极科学数据分享，为南极科考提供公共产品。

如，2003 年成立的国家南北极数据中心至今已为 100 余项科研项目提供信息数据服务；中国还向国际社会发布极地生物、冰雪、岩矿、陨石和沉积物等五大类标本信息。2020 年，中国科技部对南极冰盖变化做了系统监测，生产了全球首个长时间序列（2010—2019 年）全南极冰架崩解逐月精细观测数据集等，对进一步研究南极冰盖稳定性及全球气候变化具有较高科学价值。2021 年 11 月，中国南极科学考察队再次启程前往南极，此次考察将围绕应对全球气候变化，开展大气成分、水文气象、生态环境等科学调查工作，并执行南大洋微塑料、海漂垃圾等新型污染物的监测任务。

同样，在北极地区，中国也以总体国家安全观为指引，致力于将北极地区变成各方合作的新疆域，而不是大国博弈的竞技场。与有些国家急欲将北极地区军事化的做法不同，中国提出依托北极航道的开发利用，与各方共建"冰上丝绸之路"的倡议，获得俄罗斯及北欧国家的欢迎与支持。中国还积极参与北极科考。2021 年 10 月，中科院沈阳自动化研究所研制的"探索4500"自主水下机器人，成功完成北极高纬度海冰覆盖区科学考察任务，为人类认识北极做出贡献。此外，中国还积极参与北冰洋环境保护，在 2017 年 11 月与美、俄、加、欧盟等国家和组织共同制定了《防治北冰洋中部公海无管制渔业活动协定》等。

在太空探索领域。中国提出了"外空命运共同体"的理念，并被"纪念联合国探索与和平利用外层空间会议50周年高级别会议"通过的成果文件所采纳，发出了"在和平利用外空领域加强国际合作，以实现命运共同体愿景，为全人类谋福利与利益"的共同呼吁。其实，早自2000年以来，我国每五年便发布一份航天白皮书，明确中国航天事业的发展宗旨包括"探索外层空间，扩展对宇宙和地球的认识"以及"和平利用外层空间，促进人类文明和社会发展，造福全人类"。中国外交部发言人也多次强调，中国将继续加大载人航天领域国际合作与交流的深度与广度，为人类探索宇宙奥秘、和平利用外空、推动构建人类命运共同体做出积极贡献。国家航天局局长张克俭在接受采访时表示，"十四五"期间将在航天领域实施重点科技项目，打造全球覆盖的通信、导航、遥感空间基础设施体系，为和平利用太空、探索宇宙奥秘、增进人类福祉做出更大贡献。

近年来，我国航天事业着实取得巨大进步，为人类和平利用太空、推动太空合作做出了巨大贡献。尤其是2021年，"天问"登火、"羲和"探日、"银河"巡天、"天宫"览胜，"中国天眼"发现500余颗脉冲星、"拉索"观测到最高能量光子、"嫦娥五号"带回了"月壤"，为人类探索和认识太空做出了重大贡献。而随着国际空间站即将退役，中国空间站天和核心舱将成为世界上唯一的在轨空间站。中国外交部明确表态："中国将继续加大国际合作与交流的深度与广度，使中国空间站成为造福全人类的

太空实验室。期待在不久的将来，中外航天员能够一起遨游'天宫'。"

此外，中国还长期致力于外空非军事化，积极倡导防止外空武器化和军备竞赛，并与俄罗斯一道，2008年以来一直在日内瓦裁军谈判会推动《防止在外空放置武器、对外空物体使用或威胁使用武力条约（草案）》，获得了越来越多国家的支持。该条约草案要求缔约国承诺：一是不在外空放置任何武器；二是不对缔约国外空物体使用武力或以武力相威胁；三是不在国际合作中从事与本条约内容与宗旨不符的外空活动；四是不协助、不鼓励其他国家、国家集团、国际组织、政府间组织或任何非政府组织，包括在本国管辖和（或）控制下的领土上成立、登记或位于该领土上的非政府法律实体，参加与本条约内容和宗旨不符的活动。应该说，该条约的缔结将有助于防止外空军备竞赛，维护外空和平。只可惜，目前该条约草案仍遭到美国等一些国家的抵制。

人工智能发展领域。中国已经亮明立场，提出在人工智能领域践行构建人类命运共同体理念。一方面，中国政府高度重视人工智能治理。2019年2月，中国科技部牵头组建了国家新一代人工智能治理专业委员会；同年6月17日，该委员会发布《新一代人工智能治理原则——发展负责任的人工智能》，提出了"负责任人工智能"的概念，并强调了"和谐友好、公平公正、包容共享、尊重隐私、安全可控、共担责任、开放协作、敏捷治理"八条原则。2021 年 9 月，该委员会又进一步发布《新一代人工智能伦理规范》，将伦理道德融入人工智能全生命周期，为从事人工智能相关活动的自然人、法人和其他相关机构等提供伦理指引。可以说，中国在积极探索人工智能治理路径方面取得了巨大进展。

另一方面，中国也高度重视参与人工智能的全球治理。习近平主席在 2018 年致上海世界人工智能大会的贺信中指出，"把握好这一发展机遇（指新一代人工智能在全球范围内蓬勃兴起），处理好人工智能在法律、安全、就业、道德伦理和政府治理等方面提出的新课题，需要各国深化合作、共同探讨"，并表示"中国愿在人工智能领域与各国共推发展、共护安全、共享成果"。清华大学则从 2020 年开始主办"人工智能合作与治理国际论坛"，汇集世界各相关领域思想领袖与实践者，共同探讨人工智能技术带来的全球机遇与挑战，分享人工智能国际合作与治理方面的经验与见解，并提出未来人工智能治理与合作研究议题，对推进人工智能全球治理发挥了重要作用。中国还积极倡导人工智能军事应用的规范治理。2021 年 12 月 13 日，中国特命全权裁军事务大使李松向联合国《特定常规武器公约》第六次审议大会提交了《中国关于规范人工智能军事应用的立场文件》，这既是我国首次就规范人工智能军事应用问题提出倡议，也是《特定常规武器公约》框架下首份关于人工智能安全治理问题的立场文件。

总之，中国人崇尚和合共生，主张天下无外，追求人类进步，憧憬世界大同。中国共产党在《中共中央关于党的百年奋斗重大成就和历史经验的决议》中提炼出十条历史经验，其中一条就是要"坚持胸怀天下"，亦即"始终以世界眼光关注人类前途命运，从人类发展大潮、世界变化大格局、中国发展大历史正确认识和处理同外部世界的关系"。中国在应对新疆域所带来机遇和挑战方面的立场，就是这种"胸怀天下"情怀的最好展现。

共建新疆域人类命运共同体

新疆域的出现和发展，可以是人类之福，也可能成为人类之祸。"谁掌握无尽边疆，谁就掌握无尽未来"，是一种利己的现实主义信条，可能成为人类灾难与悲剧的滥觞，最终损人而不利己。而中国以五千年文明存立于世，从人类历史发展的大视野出发，主张以"人类整体"掌握无尽边疆，共享无尽未来。

然而，当今世界正经历百年未有之大变局，尤其是新一轮科技革命与产业革命变革带来的新陈代谢和激烈竞争前所未有，全球治理体系与国际形势变化的不适应、不对称前所未有。为此，坚持和贯彻总体国家安全观，尤其在应对新疆域带来的新机遇与新挑战面前，统筹发展与安全，统筹自身安全与共同安全，推动构建人类命运共同体，成为了这个时代最佳甚至是唯一的出路。

第一，要持续倡导"我中有你、你中有我"的人类命运共同体意识，倡导共商、共建、共享的全球治理观，在世界范围内、在各大新疆域领域推动形成一股命运与共、和衷共济的新潮流，增加互动、增进互信、增强互助，逐渐打破美西方固有的思想藩篱、二元对立、冷战思维。

第二，要推动建立和健全全球治理体制机制。古人云："小智治事，大智治制。"当前，各大新疆域领域的发展方兴未艾，一些全球性的治理体制机制也尚未健全，有些还未建立。因此，为确保新疆域的和平开发与利用，世界各国尤其大国要担起责任，在联合国框架内开展对话，秉持和平、主权、普惠、共治原则，逐渐在各大新疆域建立起公平正义的治理体制机制，既要有助于促进新疆域的开发和利用，也要能够有效维护各国的安全与世界的共同安全。

第三，要敢于斗争。斗争不是对抗，而是一种争取。如今，尽管世界多极化、全球化、信息化深入发展，但世界仍不太平，霸权主义仍未消散，"美国例外""美国优先"依然盛行。推动构建新疆域人类命运共同体，仍将任重而道远。只有敢于斗争、善于斗争，才能挫败霸权主义谋求绝对优势、继续打造差序格局的图谋，才能捍卫国家安全，维护国际公义与促进共同安全。

第四，要加大新疆域产品的普惠与共享。既然很多新疆域被视为是"全人类共同财产"或"共同家园"，那么，从新疆域取得的收益也应该惠及全人类，或者说应该造福全人类。这就要求一些主要大国或者说是新疆域开发利用的先行者，承担起相应责任，积极为国际社会提供相应的公共物品，为推动人类社会进步做出相应贡献。

2021 年，国际奥委会第 138 次全会表决通过，在奥林匹克格言"更快、更高、更强"之后再加入"更团结"，给人类提供了某种启示。国际奥委会主席巴赫解释道："当前，我们更加需要团结一致，这不仅是为了应对新冠肺炎疫情，更是为了应对我们面临的巨大挑战。"同样，探寻新疆域、开发新疆域、利用新疆域，势必给人类带来"更快、更高、更强"的进步，但是，如果没有"更团结"，更快、更高、更强只会造成更大的灾难。尤瓦尔·赫拉利在《人类简史》中最后写道："拥有神的能力，但是不负责任、贪得无厌，而且连想要什么都不知道。天下危险，恐怕莫此为甚。"奥运圣火是为纪念普罗米修斯为人类盗来火种，北京冬奥会以"共护微光"的主火炬设计给世人留下深刻印象，其中不乏提醒世人要共同呵护这微弱之火的意涵。

参 考 文 献

1 汪品先：《探索海洋深处的奥秘》，人民网，http://env.people.com.cn/n1/2020/0825/c1010-31835435.html。

2 董永在：《极地安全：国家安全的新疆域》，《光明日报》2021年4月25日第7版。

3 《太空中有哪些诱人的资源？》，中国科普网，https://www.kepuchina.cn/article/articleinfo?business_type=100&classify=1&ar_id=8237。

4 刘峰：《深海规则制订，必须听听中国怎么说》，https://mp.weixin.qq.com/s?__biz=MjM5NTE5MDc0Mg==&mid=2650344998&idx=1&sn=dbd9e01fbfe5c21454a6f74054b79011&chksm=bef1ec9f89866589fba9f84ff61d6b9d3c849d85fd15dd75ec6dc40758689afd4e886a6de490。

5 《威胁中国空间站的星链卫星背景不简单》，新华网，http://www.news.cn/mil/2021-12/28/c_1211504396.htm。

6 陈锋等：《国外深海作战概念发展及启示》，《舰船科学技术》2020年第4期。

7 《韩国执政党总统候选人表示将寻求美国支持建核潜艇》，新华网，http://www.xinhuanet.com/mil/2021-12/31/c_1211512869.htm。

8 李驰江：《人工智能在军事领域的应用及全球治理》，《人民论坛·学术前沿》2021年第10期。

9 AI weapons pose threat to humanity, warns top scientist, https://www.ft.com/content/03b2c443-b839-4093-a8f0-968987f426f4.

10 习近平：《共同构建人类命运共同体》，2017年1月18日在联合国日内瓦总部的演讲。

11 耿爽：《中方愿同各方携手构建海洋命运共同体》，外交部网站，https://www.mfa.gov.cn/ce/ceun//chn/dbtxx/2020070709/2020070711/

t1838740.htm。

12 《在冰雪大陆镌刻中国印记——中国
   南极事业 30 余年历程的光荣与梦
   想》,《科技日报》2021 年 12 月 23
   日第 8 版。

13 《全球生态环境遥感监测 2020 年度报
   告新闻发布会（文字实录）》,科学技
   术部网站, http://www.most.gov.cn/
   xwzx/twzb/fbh201202/twzbwzsl/2020
   12/t20201202_170859.html。

14 《中国第 38 次南极科学考察队出
   征》,新华网, http://www.xinhuanet.
   com/techpro/20211108/44a9fd0aa3
   774b01a60a54ca9ffb177b/c.html。

15 《中国航天白皮书》,国家航天局网站,
   http://www.cnsa.gov.cn/n6758824/
   n6758845/index.html。

16 《人类载人航天大幕开启 60 年中国航
   天国际合作更可期》,中央人民政府
   网站, http://www.gov.cn/xinwen/202
   1-04/12/content_5599180.htm。

17 《这一年,我们探索太空的脚步迈得更
   稳更远》, http://digitalpaper.stdaily.
   http_www.kjrb.com/kjrb/html/2021-
   12/23/content_527850.htm?div=8。

18 《期待中外航天员能够一起遨游"天
   宫"》,中央人民政府网站, http://www.
   gov.cn/xinwen/2021-06/17/content_5
   618871.htm。

19 《发展负责任的人工智能:新一代
   人工智能治理原则发布》,科学技
   术部网站, http://www.most.gov.cn/
   kjbgz/201906/t20190617_147107.
   html。

20 《〈新一代人工智能伦理规范〉发布》,
   科学技术部网站, http://www.most.gov.
   cn/kjbgz/202109/t20210926_177063.
   html。

21 《习近平致 2018 世界人工智能大会的
   贺信》,新华网, http://www.xinhuanet.
   com/politics/leaders/2018-09/17/c_1
   123441849.htm。

22 《中国首次就规范人工智能军事应用问题提出倡议》，中央人民政府网站，http://www.gov.cn/xinwen/2021-12/14/content_5660614.htm。

23 《奥林匹克格言 108 年来首添新内容，后疫情时代人类需要携手应对巨大挑战》，中央纪委国家监委网站，https://www.ccdi.gov.cn/toutiao/202107/t20210721_246463_m.html。

24 ［以色列］尤瓦尔・赫拉利著，林俊宏译：《人类简史：从动物到上帝》，中信出版社 2016 年版。

图书在版编目（CIP）数据

新疆域与国家安全 / 总体国家安全观研究中心，中国现
代国际关系研究院著. —北京：时事出版社，2022.4
（总体国家安全观系列丛书.二）
ISBN 978-7-5195-0479-3

Ⅰ.①新… Ⅱ.①总… ②中… Ⅲ.①国家安全—研
究—中国 Ⅳ.① D631

中国版本图书馆 CIP 数据核字（2022）第 057724 号

出版发行：时事出版社
地　　址：北京市海淀区彰化路 138 号西荣阁 B 座 G2 层
邮　　编：100097
发行热线：（010）88869831　88869832
传　　真：（010）88869875
电子邮箱：shishichubanshe@sina.com
网　　址：www.shishishe.com
印　　刷：北京良义印刷科技有限公司

开本：787×1092　1/16　印张：15.75　字数：146 千字
2022 年 4 月第 1 版　2022 年 4 月第 1 次印刷
定价：50.00 元